월세보다 쏠쏠한 에어비앤비

GET PAID FOR YOUR PAD

Copyright ⓒ 2014 by Jasper Ribbers
All rights reserved.

No part of this book may be used or reproduced in any manner
whatsoever without written permission except in the case of brief quotations
embodied in critical articles or reviews.

Korean Translation Copyright ⓒ 2015 by Purun Communication
This translation is published by arrangement with Lifestyle Entrepreneurs Press
through Imprima Korea Agency

이 책의 한국어판 저작권은 Imprima Korea Agency를 통해 Lifestyle Entrepreneurs Press와의 독점 계약으로 푸른커뮤니케이션에 있습니다. 저작권법에 의해 한국 내에서 보호를 받는 저작물이므로 무단전재와 무단복제를 금합니다.

에어비앤비 스토리

호텔보다 쏠쏠한 airbnb

재소퍼 리버스 · 후제퍼 카파디아 지음 | 최기연 옮김

차례

프롤로그 ◆ 008

INTRODUCTION 0 | 신통방통한 내 작은 아파트

상상 속에서만 존재하는 저가 여행 ◆ 021
왜 에어비앤비인가? ◆ 024
에어비앤비의 규모와 성장 속도 ◆ 025
단일 마켓을 고수하라 ◆ 032
이 책은 누구를 위한 것인가? ◆ 035
이 책을 어떻게 사용할 것인가? ◆ 037
미리 보는 《월세보다 쏠쏠한 에어비앤비》 ◆ 039

CHAPTER 1 | 집 단장하기

게스트에게 편안한 공간 만들기 ◆ 045
숙소를 출입할 수 있는 방법 일러두기 ◆ 054
숙소를 관리하는 방법 ◆ 061

Special Story 크리스의 이야기 ◆ 073

CHAPTER 2 | 마음을 사로잡을 수 있는 집 만들기

숙소 유형 선택하기 ◆ 079
어떤 사진을 올릴 것인가? ◆ 080
프로필 ◆ 084
개인 사진 ◆ 085
자신만의 에어비앤비 심볼 만들기 ◆ 086
제목과 부연설명 ◆ 087
숙소이용 규칙 ◆ 094
최소 및 최대 숙박일 ◆ 095
취소 정책 ◆ 096
맞춤식 가이드북 만들기 ◆ 101
에어비앤비 가이드북 제작하기 ◆ 105

Special Story 마이클의 이야기 ◆ 106

CHAPTER 3 | 가격 책정하기

최적의 가격 설정 전략 찾아보기 ◆ 111
가격 할인에 대하여 ◆ 126
추가 비용에 대하여 ◆ 130

Special Story 안나의 이야기 ◆ 133

CHAPTER 4 | **게스트**

게스트와의 커뮤니케이션 ◆ 137
게스트와 문제가 발생하는 경우 ◆ 147
게스트의 피드백 ◆ 154
예약 수락하기 ◆ 156
개인실을 임대할 때의 요령 ◆ 160

<u>Special Story</u> 조던의 이야기 ◆ 162

CHAPTER 5 | **고객의 피드백**

후기를 통해 얻는 이득 ◆ 167
에어비앤비의 후기 작성 시스템 ◆ 169
좋은 후기를 받는 방법 ◆ 173
부정적인 후기 대처 방법 ◆ 177

<u>Special Story</u> 크리스토퍼의 이야기 ◆ 181

CHAPTER 6 | 숙소 홍보하기

에어비앤비에서의 숙소 검색 ◆ 185
에어비앤비가 인정한 검색 순위에 영향을 주는 요소 ◆ 187
검색 순위에 영향을 준다고 추정되는 요소 ◆ 192

CHAPTER 7 | 각종 툴과 애플리케이션

자동 가격 설정 애플리케이션, 에버북트 ◆ 197
에어비앤비 호스팅을 위한 서비스, 게스티 ◆ 199
전기세 및 수도세 절약 서비스, 네스트 ◆ 201
열쇠가 필요 없는 도어록, 라키트론 ◆ 203
완벽한 가격 설정 솔루션 지원, 비욘드 프라이싱 ◆ 205
다른 호스트와의 커뮤니케이션 지원, 트래블러스 챗 ◆ 207
열쇠 주고받기의 간편화, 키카페 ◆ 208
전문 청소 서비스, 핸디 ◆ 210
에어비앤비 숙소 관리 서비스, 이지게스트 ◆ 212

에필로그 ◆ 214

프롤로그

참을 만큼 참았다. 이젠 그만하련다. 증권회사 직원으로서 좌절과 권태, 불만과 피로의 나날을 보내던 나는 그만둘 때가 됐다는 것을 깨달았다. 무려 6년 동안 눈코 뜰 새 없이 주식, 선물, 통화를 사고 팔며 차익거래 트레이더arbitrage trader로 숨 가쁜 삶을 살았다. 회사의 수익을 위해 다람쥐 쳇바퀴 굴리 듯 선물거래에 묻혀 살면서 장시간 근무와 압박이 심한 업무 환경, 그리고 쏟아지는 언어폭력을 견뎌왔다.

돈 많이 버는 데 무슨 상관이냐고 할 수도 있다. 물론 그랬다. 연말 보너스로 받은 수표로 암스테르담에 방 두 개 딸린 괜찮은 아파트를 살 수 있었다. 하지만 과연 이게 죽도록 고생한 것에 대한 충분한 보상이었을까? 주중의 고된 업무와 직업에 대한 불만족이 경제적 보상 하나로 감내할만한 것이었을까? 어느 날 이런 생각이 들었다. '이렇게 살 수는 없어. 당장 사표를 내자.'

더 이상 인생을 의미 없이 소진시키는 것을 바보처럼 앉아서 지켜볼 수는 없었다. 평생 우울한 직장과 고된 업무에 매여 살아야 한다면 그렇게 번 돈이 무슨 의미란 말인가? 그래서 2010년 마음을 확고하게 굳힌 뒤 상사의 방에 들어가 사원증을 책상 위에 내려놓고 사직서를 제출했다. 무한한 자유로 향한 나의 영광스런 옹알이였다.

학창시절

대학시절 난 행복한 나날을 보냈다. 강의는 흥미로웠고 지적 호기심은 최고조에 달해 뭐든 열심히 공부했다. 특히 경제학에 빠져 깊이 파고들면 들수록 이해하는 속도도 빨라졌다. 무엇보다 새로운 지식을 얻을 수 있어 더할 나위 없이 경제학이 좋았다. 그리고 강의로 배우는 지식만으로는 갈증이 나서 교재보다 수준 높은 관련 서적을 읽어나갔다.

2004년 봄, 계량경제학 석사 학위로 졸업했다. 당시 스물여섯 살 무일푼 신세라 증권사 트레이더가 돼 새 삶을 시작하고 싶었다. 그래서 네덜란드의 내로라하는 증권사에서 입사 제안을 받았을 때는 세상을 다 얻은 기분이었다. 돈 방석에 앉은 기분이었다. 이제부터 브런치에 샴페인을 마시고, 저녁 만찬으로는 고급 스테이크를 썰며, 휴가 때마다 유럽과 아시아를 여행할 것만 같았다. 어서 현금을 손에 넣기를 바라며, 새롭게 펼쳐질 여정에 부푼 마음이었다.

트레이더로서의 삶

"대체 무슨 생각으로 사는 거야? 느려 터진 자식! 벌써 열 번은 똑같은 이야기를 했는데 거래를 망쳐? 입 닥치고 앉아 있어! 내가 지시를 내리기 전엔 쥐 죽은 듯 꼼짝 마. 멍청한 놈!!"

살아오면서 그렇게 가차 없는 호통을 들은 건 처음이었지만, 동료들은 이런 처우쯤은 예삿일이라며 위로했다. 반에서 늘 1등을 독차지하고, 영재 중에서도 최우수 학생이었던 나인데, 어느새 '느려 터진 자식,' '멍청한 놈'이 되어 있었다. 그리고 거래에서 실수를 저지르거나 수익 계산에 착오를 내기라도 하면 상사들의 비난이 나를 짓눌렀다. 압박감이 심한 증권사 근무 환경은 이전에는 경험해본 적 없는 것이었고, 손에 땀을 쥐게 하는 박진감은 있어도 좌절과 자학 모드가 항상 남아 있었다. 매일 거액의 돈이 취급되는 환경에서 직원들의 소소한 실수는 늘 질책 대상이었다. 매주 수두룩한 직원이 눈물을 글썽였고, 극심한 좌절감에 바로 퇴사하겠다며 문을 박차고 나간 직원도 몇몇 있었다.

하지만 나는 끝까지 버티려고 마음을 다잡았다. 문밖으로 끌어내기 전에는 먼저 포기하지 않으리라. 수없이 많은 모욕을 감수하고, 업무상의 불쾌감도 감내하려고 노력했으며, 미소를 잃지 않고 고된 나날을 견뎌냈다. 그 결과 3년이 지나자 상황이 나아지는 기미가 보였다. 회사 생활에 꽤 익숙해졌고, 증권거래라는 업무도 한층 자연스럽게 느껴지기 시작했다. 시행착오도 옛말이오, 성공률은 높아졌으며, 한결 마음도 안정되고 편안해졌다.

이제는 트레이딩이 재미있지는 않아도 할 만했다. 무엇보다 보수가 만족스러웠다. 가장 핫하다는 나이트클럽에서 파티를 하고, 최고급 레스토랑에서 식사를 하며, 세계 여행을 즐길 수 있는 위치가 되었다. 내가 봐도 참 멋진 삶이었다.

  하지만 트레이더 5년째가 되던 2009년, 심경의 변화가 찾아왔다. 공허감이었다. 보상은 충분히 받고 있었고 여행도 실컷 다녔지만 일상은 지겹기 그지없었다. 회사에서는 지루하고 불행했으며, 퇴근 시간만 손꼽아 기다렸다. 이렇게 사는 삶은 옳지 않다는 생각이 들었다. 한참의 고민 끝에 상사를 찾아가 심경을 밝히며, 변화를 원하지만 정확히 어떻게 해야 할지 모르겠다고 이야기했다. 상사는 며칠간의 숙고 끝에 "시카고 지점에서 일해보는 건 어떤가?"라는 제안을 했다. 솔깃한 제안이었다. 그곳에 가도 업무는 거의 바뀌는 게 없겠지만, 틈틈이 미국을 탐험할 수 있겠다는 생각이 들었다. 며칠 고심한 후 제안을 받아들였고, 마침내 미국행 비행기를 탔다.

미국에서의 삶

시카고는 세련미를 자랑하는 고층 건물과 하늘을 찌를 듯 높은 고층 아파트로 가득 찬 철근과 콘크리트의 도시이다. 태평양을 방불케 하는 검푸른색의 거대한 미시간 호수가 도심을 지난다. 호수를 따라 펼쳐진 모래사장은 여름철 피서지로 인기이다. 간단히 말해 이 도시의 분위기와 매력에 흠뻑 빠져들 수밖에 없었다.

  시카고에서 하는 일은 암스테르담에서와 비슷했지만, 최소한 주변 환경이 새로워 매너리즘은 벗어날 수 있었다. 열정적으로 이곳저곳을 다니며 새로운 사람들을 사귀었다. 애스턴마틴 스포츠카를 사서 신나게 몰고 다니기도 했다. 근사한 컨버터블을 타고 호숫가 도로를 질주하는 로망이 현실이 되었다. '인생, 살만 하구나'라는 희망이 느껴지기도 했다.

사라지지 않는
만성적 앓이

매일 아침 최신 카푸치노 머신에서 내린 커피를 마시고, 구운 달걀과 소시지로 간단하게 아침 식사를 했다. 그 후에는 샤워를 하고 세미 정장을 입고 회사로 향했다. 하루의 대부분 시간을 보낼 그곳으로. 퇴근 후에는 서둘러 집에 왔고, 친구들과 저녁 약속을 잡아 자주 만났다. 나름대로 이상적이고 편안한 삶이오, 고향 친구들이 부러워할 만한 삶이었다.

그러나 2프로 부족함은 전혀 해결되지 않았다. 8개월쯤 되니 시카고의 매력도 김빠진 콜라마냥 시큰둥했다. 다시 원점으로 돌아왔다. 일에 대한 회의감은 늘 그랬듯 나를 괴롭혔다. 이 일에 내 인생의 대부분 시간을 보내야 하는 데 말이다. 하루에 10시간씩 일주일에 5일, 1년에 50주를 지겹고 소모적으로 일했다. 내 관점으로는 전혀 바람직하지 않은 삶 그 자체였다.

'어째야 하나? 사표를 써야 할까? 그 후에는 뭘 하고 살지?' 몇 주 동안 내 인생과 목표를 두고 고민했다. 무슨 일을 하면 가장 행복할지 진지하게 고민한 결과, 한 가지 결론을 내렸다. 나는 여행할 때 가장 행복했다. 여행이 직업은 아니지만, 그게 대수란 말인가. 중요한 건 내가 살고 싶은 인생에 대해 확실히 알았다는 것이었다. 꿈을 좇아가다 보면 무리수가 줄어들고 제자리를 찾을 것이라고 확신했다.

내 생애에 가장 힘든 결정이었다. 오랜 숙고 끝에 내가 해야 할 일을 깨달았다. 미련과 아집을 던지고 과감해지자고 다짐했다. 지금 하지 않으면 후회할 것 같았다.

다시 한 번 심호흡을 하고 상사의 사무실을 찾았다. 하지만 전과는 달리 고민을 털어놓을 생각은 전혀 없었다. 타협의 여지도 대안도 필요 없었다. 이미 퇴사를 결심한 터라 이렇게 말했다. "시카고에서 일할 수 있게 해주셔서 감사했습니다. 하지만 오랜 고민 끝에 퇴사를 결심했습니다." 확고함을 간파한 상사는 이의 없이 어떻게 하면 마음을 돌릴 수 있겠는지 물었다. 나는 결심이 확고하며 회사에서 배운 것도 많지만, 이제는 떠날 시점이 왔음을 밝혔다. 상사는 사직서를 수리하고 나의 사임 통지 메일을 보내 퇴사를 공식화했다.

나는 쾌재를 부르며 홀가분한 마음으로 차를 몰고 아파트로 갔다. 몸속 아드레날린은 머리끝에서 흥분과 기대감으로 뭉쳐져 기쁨의 구름이 되어 뭉실뭉실 떠다녔다. 집 근처 번잡한 교차로에 멈춰 서서는 일벌처럼 황망한 광란을 일으키며 퇴근길을 서두르는 직장인들을 바라보았다. 얼마 전까지의 내 모습이었다. 그들을 보며 눈을 감고 길게 숨을 내쉬며 몸에 남아 있던 긴장감을 털어버렸다. '드디어 저 무리에서 빠져나왔구나.' 온몸에 전율이 흘렀다.

증권사와의 오랜 탯줄을 잘라내고 독립한 나는 마스터플랜을 실행에 옮기기 시작했다. 온갖 물건을 창고에 치우고, 자동차를 주차해 둘 간이 차고를 마련했다. 불필요한 것들은 내다 팔 준비를 했다. 무소유로 나아가려는 이 여정에서 새로운 삶의 방식을 설계했다. 내 삶의 키워드를 날렵함, 가뿐함, 기동성으로 삼고 싶었다. 한마디로 자유로운 영혼이 되고 싶었다.

브라질,
그리고 전 세계를 누비다

2010년 겨울, 브라질행 편도 항공권을 예약하고, 여행 가방 두 개에 짐을 꾸려 미지의 나라로 모험을 떠났다. 여행자금을 어떻게 마련할지, 종착점은 어디일지 정하지 않았다. 다만 아는 것은 오직 하나, 내가 대장정의 첫 걸음을 떼었다는 것뿐이었다.

　몇 개월 동안 꿈같은 시간을 브라질에서 보냈다. 바다에서 서핑을 하고, 아름다운 도시 플로리아노폴리스와 근방을 탐방했다. 매일 여러 곳에서 수많은 현지인과 게스트를 만났다. 스페인어, 불어, 영어, 네덜란드어에는 능숙했지만 포르투갈어는 문외한이었다. 하지만 브라질에서의 생활과 현지 문화에 매료되어 공부하기로 했다. 그렇게 두 달쯤 공부하니 어느 정도 말문이 트였고, 더 많은 친구를 사귈 수 있었다.

　어쩌면 이렇게 자유롭고 마음 편할 수 있는 걸까? 피터팬이 살 법한 마법 같은 나날이었다. 이를 악물고 시계만 들여다보며 쳇바퀴만 굴리는 다람쥐의 삶이 아니었다. 모든 순간이 아름다움과 추억으로 가득 메워졌다. 회사의 부속품이 되어 책상 앞에 앉아 일하는 것은 낯설고 무미건조하게 느껴졌다. 꿈에서도 다시 돌아가고 싶지 않은 삶이었다. 결코 되돌아갈 일이 없을 삶이다.

하지만 해결해야 할 문제가 하나 있었다. 바로 돈 문제였다. 은행 잔고가 어느 정도 있었지만, 결국은 바닥을 드러낼 것이기에 수입원이 있어야 했다. 물론 매일 절약하며 최소한의 돈을 지출하고, 비싸지 않은 숙소에서 비싸지 않은 음식으로 끼니를 해결했다. 하지만 수입 없이 지출만 하면 잔고는 비게 될 것이 자명했다.

그 무렵 내 유일한 수입원은 주택 임대료였다. 암스테르담의 내 명의로 된 아파트에서의 임대 수익이었다. 어느 정도의 현금은 입금되었지만, 그렇다고 생활비를 걱정하지 않아도 될 만큼은 아니었다. 그래서 이런저런 해결책을 모색했다. 여러 가지 온라인 사업, 남미에서의 중고차 매매 사업, 온라인 포커 갬블링 등 여러 가지를 떠올렸다. 하지만 장기적으로 꾸준히 이익을 가져오기엔 부족한 대안이었다.

심도 있는 조사 끝에 부동산 수익을 창출하는 새로운 방법에 대해 알게 되었다. 집을 일반적인 임대 계약으로 임대하지 않고, 호텔처럼 단기 체류 단위로 임대하는 방식이었다. 집주인들은 단기 임대를 위한 온라인 거래 사이트인 에어비앤비Airbnb라는 새롭고 혁신적인 웹사이트에 숙소를 등록했다. 그러나 위험 부담이 클 것 같았다. 수년 간 낯선 이들에게 집을 맡기는 것도 부담스러운데, 어떻게 듣도 보도 못한 사람을 믿고 내 집에 들일 수 있을까? 그리고 이미 임대 계약으로 어느 정도 현금 흐름을 확보한 상태였기 때문에, 단기 임대 사업의 수익성이 크다는 확신도 들지 않았다. 하지만 조사를 하면 할수록 추가적인 위험부담 없이 연소득을 크게 늘릴 수 있다는 것을 알게 되었다.

그때부터 본격적으로 단기 임대 사업의 모든 것을 찾아 읽고 계획을 세우기 시작했으며, 사업을 시작하고 나서 몇 달 후에는 여행 자금을 댈 만큼 충분한 돈을 벌었다. 힘들게 저축한 예금을 축내지 않고 단기로 체류하는 게스트들이 제작한 탄탄한 뗏목을 타고 안전한 항해를 할 수 있었다. 내게 에어비앤비는 경제적 해결사였다. 단기 임대 사업은 내게 가장 적합한 수익 창출원으로 자리 잡았다. 이제 날개를 활짝 펴고 걱정 없이 자유로운 영혼의 날갯짓을 할 수 있었다.

친구들과 방콕 거리를 걷다가 신선한 닭고기 팟타이와 싱하 맥주를 먹기 위해 멈춰 섰다. 시원한 맥주를 한 모금 들이키던 순간, 휴대전화가 진동하기 시작했다. 에어비앤비에서 온 알림 메시지였다. 게스트가 내 아파트를 하룻밤 숙박료 200달러에 닷새 동안 빌리겠다고 예약했다는 기쁜 소식이었다. 월 평균 80% 예약률이라는 목표를 달성했다. 즉 1개월 중 24일 정도는 임대를 성사시켰고, 대략 4천 달러(지출 비용 제외)라는 괜찮은 현금 흐름을 마련하게 된 것이다. 합리적인 가격대의 알로프트 호텔에서 묵는 하루 70달러의 숙박료(총 2100달러)와 하루 30달러씩의 식대(총 900달러)를 제하고도 1천 달러가 남는 셈이다. 하고 싶은 것을 하고 해외 여행 경비를 마련하고도 남는 돈이다.

나는 꿈같은 나날을 보내고 있다. 이국적인 매력의 도시에서 몇 주를 보내고, 블로그에 여행담을 올리며, 다른 곳으로 이동해 이동해서는 또 다른 모험을 즐긴다. 지금까지 미주와 아시아, 유럽, 호주를 탐험해왔다. 피곤하면 자고, 배고프면 먹고, 사람들과 흥겹게 어울리고 싶으면 근처 펍을 찾아가는 생활이다. 경이롭고 재미난 사람들을 무수히 많이 만났다. 누구도 부러울 것이 없으며, 굉장히 행복한 삶이다.

나를 존경 어린 눈으로 바라보며, 자유롭고 걱정 없는 생활 방식이 부럽다고 하는 친구가 많다. 나는 이들에게 누구나 이렇게 살 수 있다고 이야기하곤 한다. 새로운 인생을 가져다준 기폭제는 에어비앤비였다. 에어비앤비는 트레이더였던 내 과거의 삶과 여행자로서 살아가는 현재 삶의 징검다리 역할을 해줬다. 이렇게 혁신적인 비즈니스 모델이 없었다면 이미 1~2년 전에 직장의 구렁텅이로 다시 들어갔을 것이다. 현재 나는 경제적으로 안정된 상태이고, 동화에 나옴직한 이상적인 생활 방식을 지탱해주는 견실한 수입원이 있다. 나는 피터팬이다. 세상은 나의 네버랜드이고, 에어비앤비는 소원을 이루어주는 마법의 가루이다. 행복한 생각만 하며 창공을 향해 날개 짓을 하는 나는 어느새 다음 모험을 향해 전진하고 있다.

Introduction

신통방통한 내 **작은** 아파트

에어비앤비는 2007년 브라이언 체스키Brian Chesky와 조 게비아Joe Gebbia에 의해 탄생했다. 애초 '간이침대와 아침 식사Airbed&Breakfast'라는 이름을 걸고 시작한 서비스의 의도는 연례적으로 열리는 산업 디자인 콘퍼런스 참석자들에게 효율적인 가격의 단기 체류 공간을 제공하자는 것이었다. 주요 대상은 샌프란시스코의 값비싼 호텔의 숙박비를 내기 힘든 사람들이었고, 목표는 편안한 간이침대와 홈메이드 아침 식사를 최소 비용으로 제공하는 것이었다.

변화에 굶주린 업계에서 단순하면서도 혁신적인 콘셉트였다. 이렇게 기본적인 아이디어에서 오늘날의 경이적인 글로벌 거래 사이트가 생겨난 것이다. 설립자들은 서비스명을 '간이침대와 아침 식사'에서 '에어비앤비'로 변경했고, 임대 범위를 집 전체, 아파트, 혼자 쓸 수 있는 방, 성, 선박, 저택, 나무 위 오두막집, 천막집, 이글루, 개인 소유의 섬, 그 외 다른 부동산으로 확장했다. 여행 경험을 극적으로 개선시킨 에어비앤비는 여행에 목마른 많은 이들에게 단비와 같은 역할을 하며 불가능을 가능으로 만들어줬다.

INTRODUCTION 신통방통한 내 작은 아파트

상상 속에서만 존재하는
저가 여행

고도의 글로벌 경제가 가속화됨에 따라 삶을 풍요롭게 해주는 여행과 문화 체험에 대한 수요는 점점 더 커져가고 있다. 전 세계 수많은 국가와 도시에 대한 호기심은 어느 때보다 하늘을 찌른다. 하지만 세계 여행에 대한 뜨거운 관심만큼 경제 사정은 녹록치 않다. 사람들은 최저 비용으로 멋진 여행을 하고 싶어 한다. 늘 그래왔다. 그러나 터무니없이 높은 항공권 가격, 비싼 대중교통, 고가의 도심 레스토랑이 많아지는 탓에 저가 여행은 '네스호의 괴물'처럼 상상 속의 존재로 치부되기 십상이다.

여행비를 잡아먹는 여러 괴물 중 가장 큰 것이 바로 고급 호텔이다. 그렇다고 고급 호텔을 거부한다는 건 전혀 아니다. 하지만 호텔의 화려함과 안락함에 지갑을 터는 순간 어느새 손가락만 빨아야 하는 신세로 전락하는 것이 현실이다.

상상해보자. '김여행'씨는 뉴욕에 산다. 그는 일주일 간 여행을 하고 싶다. 계획성 있는 그는 일찌감치 항공권을 알아보고 왕복 750달러의 적정 항공표를 찾아낸다. 파리에서는 매 끼를 사서 먹어야 하기 때문에 식대로만 현금 500달러, 주류와 기타 잡비를 위해 400달러를 준비한다. 일주일 동안 파리지엥들과 함께 크루아상을 즐기기 위한 총 비용은 1650달러이다. 파리에서 일주일간 여행하기엔 적절하지 않은가? 그런데 아뿔싸! 빠트린 것이 있다. 바로 호텔 비용이다. 김여행 씨는 고급 호텔을 좋아하지만, 파리 물가는 만만치 않다. 알아보니 4성급 호텔 숙박료는 하룻밤에 300달러가 넘어 일주일이면 2100달러다! 호스텔을 이용해도 되지만 김여행 씨의 스타일이 아니므로 선택에서 제외한다. 휴가 동안에라도 편하고 여유롭게 즐기고 싶은 마음이다. 3성급 호텔로 눈높이를 낮춰도 하루에 150달러, 총 1050달러라는 적잖은 비용이 든다. 짧은 파리 여행을 위한 괜찮은 값의 여행이라고 생각했는데 호텔비를 더하니 어마어마한 과소비로 변해버렸다.

하지만 언제나 희망은 있는 법이다. 세계 경제의 규모가 확대되고 사람들의 요구 수준이 높아지면서 '단기 임대'라는 환상적인 비용 절감 메커니즘이 탄생한 것이다. 단기 임대(short-stay rentals 혹은 short-term rentals)는 개인 소유의 주택을 집주인이 고객에게 직접 임대하는 것을 의미한다. 집주인은 장기 임대(6개월, 1년 계약 등) 대신 호텔이나 호스텔과 유사하게 며칠 혹은 몇 주 동안 임대할 수 있다. 집주인과 게스트가 일대일로 연결되고, 호텔의 운영비(인건비 및 레스토랑 같은 고가의 시설 유지비 등)가 들지 않기 때문에 호텔 숙박비의 몇 분의 일 수준에서 근사한 숙소가 제공된다. 게다가 현지인의 가정집에서 생활하며 이미 갖춰진 편의시설을 이용할 수 있다. 다시 말해 전체 숙박비를 줄이는 것은 물론 직접 조리가 가능하여 식비도 줄일 수 있다. 때문에 호텔 대신 단기 임대 숙소를 예약하기로 한 김여행 씨는 파리의 고급 아파트의 개인 침실과 욕실을 하룻밤 75달러에 빌리는 동시에 한 주에 총 250달러의 식비를 줄일 수 있게 되었다(최소한 몇 차례는 외식을 한다는 가정 하에). 즉 2600달러의 지출이 775달러로 축소되어 대략 2천 달러를 절약한 셈이다.

소비자 입장에서 단기 임대는 매력적인 흥정이다. 숙소의 안락함이 보장된 환경에 머물며 꽤 많은 돈을 절약할 수 있다. 하지만 집주인, 즉 호스트의 입장에서는 짧게 머무는 손님을 받는 번거로움을 상쇄할 가치가 있을까?

단연코 그 이상의 가치가 있다. 단기 임대는 게스트와 호스트 모두에게 궁극적인 타협점을 제공하는 '윈윈' 시나리오이다. 게스트가 큰돈을 절약할 수 있는 만큼 집주인도 임대 계약보다 훨씬 높은 수익을 거둘 수 있다. 두세 배까지도 높은 수익이 보장된다. 다시 말한다. 무려 두 배에서 세 배까지다! 믿기지 않는가? 1년 임대 계약을 포기하고 단기 임대해서 임대 수익이 연 2만 6천 달러에서 6만 달러 수준으로 껑충 뛰어올랐다. 게다가 단기 임대는 기본적인 실행 방법만 마련해놓으면 매우 단순하고 편리한 사업이다.

하지만 중요한 문제가 하나 있다. 1년 내내 공백 없이 게스트의 예약을 받기란 쉽지 않다. 아니, 정정하겠다. 과거에는 쉽지 않았다. 그러나 지금은 게스트와 집주인 모두를 위해 간명하게 설계된 글로벌 거래 사이트의 등장으로, 단기 임대 사업은 그 어느 때보다 쉬워졌다. 이처럼 호언장담하는 배경에는 바로 독보적인 에어비앤비 airbnb가 있다.

왜
에어비앤비인가?

숙박 시장의 규모는 방대하다. 여행자들이 고가의 숙박비를 줄여 여행 경비를 절약할 수 있게 해주는 웹사이트와 온라인 툴도 넘쳐난다. 초심자들을 위해 몇 가지만 언급하자면 VRBO Vacation Rentals by Owners, 홈어웨이 HomeAway, 카우치서핑 Couchsurfing, 룸오라마 Roomorama, 나인플랫츠 9Flats, 윔두 Wimdu, 호텔투나잇 HotelTonight 등을 들 수 있다. 모두 다양한 숙박 옵션과 우수한 실적을 겸비한 훌륭한 웹사이트이다. 하지만 어떤 제품군에서든 특장점이 돋보이는 제품이 있다. 언제나 최고 수준의 서비스, 최고의 제품, 그리고 모든 가치의 가장 높은 수준을 제공하는 품질의 제왕이 존재한다.

단기 임대업이라는 틈새시장에서 가장 혁신적이고 파급력 큰 회사인 에어비앤비는 신뢰도가 높고 고객 서비스에 기울이는 헌신도 탁월해서 게스트이든 집주인이든 모두 사이에서 호평이 자자하다. 암스테르담의 아파트를 내놓기 위해 다른 사이트를 이용해보면서 시행착오를 겪은 후 에어비앤비가 시장의 독보적인 존재가 될 수밖에 없겠다는 확고한 결론을 내렸다.

INTRODUCTION 신통방통한 내 작은 아파트

에어비앤비의 규모와
성장 속도

나날이 성장하고 있는 에어비앤비는 집주인과 게스트들의 방대한 네트워크이다. 2014년 190개국 3만 4천 개 도시 전역에 80만 건 이상의 숙박 시설을 두었으며, 지금껏 1700만 명이 넘는 게스트를 받아왔다. 2013년 한 해만 따져도 600만 명이 넘는 게스트가 에어비앤비 숙소에서 체류했으며, 이는 2012년 총계의 두 배가 넘는 규모이다. 600만 건의 체류 중 단 3분의 1만이 미국에서 진행된 건이었고, 나머지는 세계 각지에서 거둬진 성과였다. 에어비앤비의 글로벌한 존재감이 점점 더 막강해지고 있다는 사실을 뒷받침해준다.

 회사의 공격적인 행보는 실리콘밸리 금융 투자자의 많은 관심을 모으고 있다. 공동설립자이자 최고기술책임자 CTO인 네이트 블레차르지크 Nate Blecharczyk는 에어비앤비가 2012년 샌프란시스코 주재 벤처캐피털 투자회사인 파운더스펀드 Founders Fund의 도움으로 2억 여 달러의 자금을 유치했다고 밝혔으며, 2014년 4월에는 5억 달러를 추가 유치했다. 모금한 자금 규모보다 놀라운 것은 100억 달러라는 에어비앤비의 어마어마한 시가총액이다.

 이 같은 수치를 경쟁사와 비교하면 에어비앤비의 성공과 파급력이 확연히 드러난다. 에어비앤비의 최대 경쟁사 중 하나인 윔두의 숙박 시설은 전 세계 30만 개에 불과하다. 또 다른 주요 업체인 룸오라마는 대략 12만 개의 숙박 시설을 두고 있다. 개인 대 개인 거래P2P 사업 영역에서 굳건한 평판을 다져왔지만 에어비앤비야말로 독보적인 선두 업체이며, 에어비앤비의 야심찬 목표는 연간 1억 건의 체류 실적을 통해 연 수익 10억 달러를 달성하는 것이다.

사용자 편의성

에어비앤비 웹사이트는 호스트는 물론 게스트도 사용하기 쉽다. 디자인이 단순하고 구성 방식이 알아보기 쉬워서 초심자도 에어비앤비의 홈페이지를 훑어보면 몇 분 안에 원하는 숙박 시설을 찾아낼 수 있다.

▲ 에어비앤비 홈페이지

웹사이트의 첫 페이지는 특별한 안내사항이 필요 없을 만큼 직관적인 검색창을 제시한다.

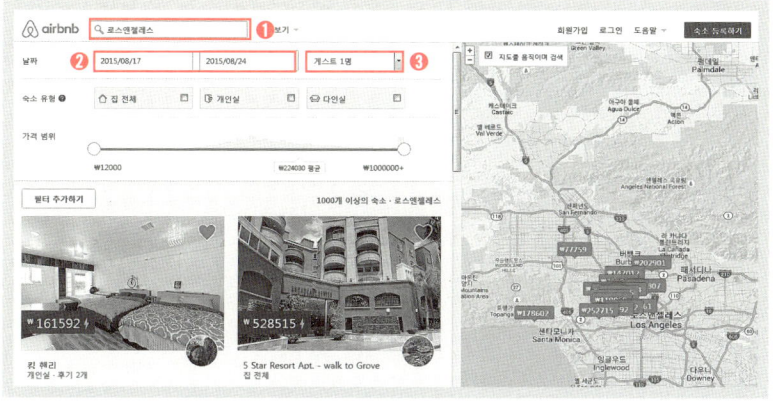

▲ 조건에 맞춰 검색하면 결과가 바로 나온다

　사용자가 ❶도시, ❷여행지 도착일과 출발일, ❸숙박 인원 수를 입력하면 검색 기능이 실행돼 위치, 가격, 별점에 따른 관련 숙박 옵션 목록을 제시한다. 사용자는 자신이 선호하는 특정 조건에 따라 검색 결과를 구체화할 수 있다.

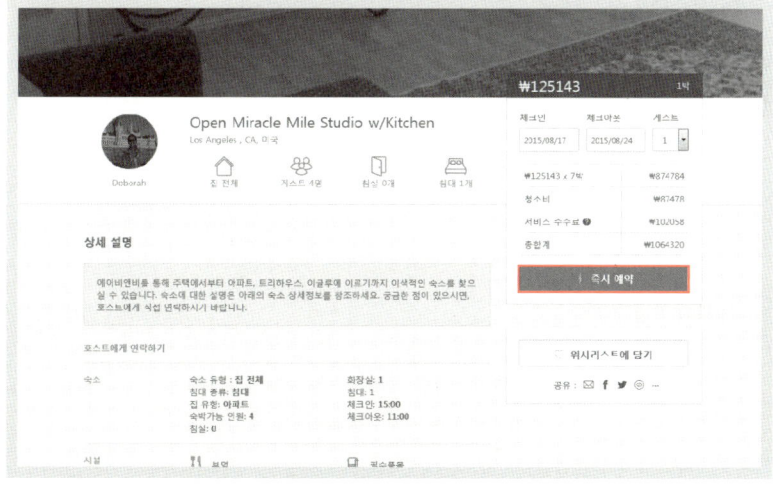

▲ 마음에 드는 방을 바로 예약할 수 있다

게스트가 검색 결과 목록에서 마음에 드는 숙소를 선택한 후 [즉시 예약]을 클릭하면 알림 메시지가 호스트에게 전송된다. 이때 승인을 클릭하면 단기 임대가 확정 진행된다.

호스트 입장에서도 에어비앤비의 임대 계약 진행 방식은 능률적이고 용이하다. 게스트는 특정 공간이 마음에 드는 경우 호스트에게 문의 메시지를 보낼 수 있다. 호스트는 공간의 가용성, 그 게스트가 남긴 후기, 그 외 참고할 수 있는 다른 기준에 근거해 예약을 승낙하거나 거절할 수 있으며, 예약 완료 후 숙소가 공실이 되는 일자가 표시되는 호스트의 달력은 자동 업데이트된다.

안전성, 신뢰도, 조회 가능성

집을 임대할 때 호스트가 가장 크게 걱정하는 것은 안전성이다. 많은 사람이 낯선 사람을 자신의 집에 들이는 일은 그 결과를 예측할 수 없는 도박이 아닐까 우려한다. 에어비앤비처럼 괜찮은 추가 수입원을 두고도 호스트들은 다음과 같은 걱정을 좀처럼 떨치지 못한다.

- 게스트가 내 물건을 가져가면 어쩌나?
- 집이 손상되면 어쩌나?
- 게스트가 지저분한 사람이라면?
- 게스트가 나를 해치지 않는다는 보장이 있는가?
- 원치 않는 애완동물을 내 집에 들이지 않을 보장이 있는가?

연고 없는 낯선 사람을 상대할 때 들 수 있는 고민들이다. 하지만 조바심부터 낼 필요 없다. 에어비앤비가 잠재 위험 요소를 사전에 파악하고 여러 가지 효과적인 보안책을 마련해놓았기 때문이다.

에어비앤비 호스트 보호 프로그램

에어비앤비는 모든 호스트에게 임대물에 대한 손상 및 유실에 최대 10억 원까지 보상하는 보증 제도 Host Guarantee를 갖추고 있다. 무료 혜택이 지원되고 영국 로이드은행의 지원을 받는 정책이다. 보상 범위는 상당히 넓지만, 다음의 항목은 제외된다.

- 현금과 증권
- 개인 책임
- 애완동물
- 공동 사용 공간

보상 요구 방법에 관한 자세한 설명은 에어비앤비의 하단에 있는 '신뢰와 안전' 항목을 클릭하면 확인할 수 있다.

잠재 게스트의 프로필과 후기 제공

에어비앤비는 단기 임대를 목적으로 모인 사람들의 '소셜네트워크'이다. 게스트와 호스트 모두 사진과 동영상, 개인 정보, 후기, 추천 등으로 프로필 페이지를 만들 수 있다. 호스트에게는 게스트를 맞이하기 전에 상대방의 개인 정보를 먼저 검토해볼 수 있는 이점이 있다. 에어비앤비는 호스트가 후기를 살피고, 인적사항을 읽으며, 사진과 영상을 검토해 해당 게스트가 적실한 손님인지 확인하도록 권장한다. 최상의 안전 조치는 꼼꼼한 검색과 검토인 것이다.

임대 보증금

호스트가 금전적인 안전장치를 마련해두고자 하는 경우 임대 보증금을 요구할 수도 있다. 보증금은 100달러에서 5천 달러 사이로 설정하면 되는데, 예약이 이루어지기 전에 보증금 액수를 산정해놓아야 한다. 호스트는 가결된 임대 계약에 보증금을 소급 적용할 수 없다. 임대 기간 동안 문제나 손상이 발생한 경우 호스트는 48시간 안에 보고해야 하고, 이를 어기는 경우 호스트는 임대 보증금을 게스트에게 환급해야 한다.

호스트와 잠재 게스트의 메시지 송수신 기능

집을 예약하고자 하는 잠재 게스트는 호스트에게 개인 메시지를 전송할 수 있고, 호스트는 잠재 고객과 대화하고, 여행의 목적, 직업, 동행 인원 등을 질문할 수 있다. 열쇠를 넘기기 전에 서로의 인적 정보를 최대한 수집할 수 있는 최고의 기회다.

예약 가능 요건

호스트는 본인 인증을 통해 인증된 아이디를 보유한 사용자만 게스트로 받아들인다는 조건을 내세울 수 있다. 인증된 아이디는 사용자가 에어비앤비 직원의 검토와 인증을 거쳤음을 증명한다.

게스트 가이드라인

에어비앤비는 호스트에게 두 가지 게스트 관리 수칙을 제공한다. 숙소이용 규칙 House Rules과 숙소 매뉴얼 House Manual이다. 숙소이용 규칙은 호스트에게 체류 기간 동안 게스트에게 허용되는 것과 허용되지 않는 것을 자세히 서술할 기회를 제공한다. 잠재 게스트는 예약 신청 전에 규칙을 살펴볼 수 있다. 숙소 매뉴얼은 예약 완료 후, 호스트가 게스트와 공유하는 사적인 정보이다. 와이파이 비밀번호, 식기세척기 사용법, 가까운 카페 위치 등의 소소한 정보를 제공할 수 있다.

이처럼 호스트에게는 잠재 게스트를 파악하기 위해 재량껏 활용할 수 있는 훌륭한 수단이 여럿 주어진다. 질의와 조사를 마치고도 잠재 게스트에 대한 확신이 없다면, 예약 신청을 거절하고 다른 게스트를 받아도 무방하다.

단일 마켓을
고수하라

개인 소유 공간을 단기 임대물로 등록할 수 있는 숙박 전문 웹사이트는 무수히 많다. 나는 암스테르담의 아파트를 단기 임대하기로 결정했을 때 모든 방안을 활용하는 것이 최선이라고 생각했다. 에어비앤비에만 집을 등록하면 다른 사이트를 이용하는 수많은 잠재 게스트를 놓칠 수 있다고 생각한 것이다.

그래서 암스테르담에서 시장 점유율 2위를 확보한 윔두 플랫폼에도 두 번째 프로필을 만들었다. 에어비앤비와 윔두에 등록한 채 몇 개월을 보낸 후 두 사이트를 비교해보니 윔두에서는 에어비앤비와 같은 수준으로 의뢰가 없다는 사실을 알았다. 하지만 윔두에서도 어느 정도 실적이 있고 다다익선이라는 생각에 두 곳의 프로필을 모두 유지하기로 했다.

하지만 내 임대 전략에 대해서 심도 있게 검토해보기로 했다. 여러 숙박 전문 웹사이트를 조사하고, 찾을 수 있는 모든 여행 게시판을 뒤지며 고심 끝에 윔두 계정을 삭제하고 에어비앤비에만 집중하기로 결심했다. 이는 다음과 같은 이유 때문이다.

첫째, 사용자 후기, 별점, 예약률이 성공의 열쇠이다. 여러 곳의 웹사이트에 집을 등록하는 것은 에어비앤비에서의 예약률을 향상시키는 데 누가 될 수 있다. 한 여행자가 에어비앤비보다 먼저 윔두에 들어가 보게 되었다고 치자. 윔두에서 내 집을 발견했다면 집은 윔두 사이트를 통해 예약될 것이다. 이는 단기적으로는 문제가 될 게 없어 보이지만 장기적으로는 치명적인 영향을 미칠 수도 있다. 별점, 후기, 예약률이 여러 플랫폼에 등록해놓은 계정에 분산된다면, 한 사이트에서 내 입지와 평판을 최적화하기가 어려워져 수익을 올리기 힘들어질 것이다. 지역 기반 검색에서 내가 등록한 집을 목록의 상단으로 끌어올리는 데 사용되는 알고리즘이 사용자 피드백과 전체 예약 수에 큰 영향을 받기 때문에 특히 지양해야 한다. 검색 순위에서 상단에 속할수록 예약률은 선형적이 아니라 기하급수적으로 증가한다. 웹페이지가 구글 검색 결과로부터 받는 클릭 분포도와 유사하다. 첫 페이지가 통상 전체 클릭 수의 80~90%를 차지하고, 남은 작은 부분을 두고 수많은 페이지가 경쟁을 벌이는 셈이다. 즉 집을 여러 사이트에 올리면 ❶ 많은 예약 기회와 ❷ 수요 증대에 따라 임대료를 높일 좋은 기회를 잃을 수 있다.

둘째, 단기로 임대할 수 있는 집을 검색할 때 늘 검색 상단에 올라오는 것은 에어비앤비이다. 에어비앤비는 숙박 전문 웹사이트 중 가장 크고 유용하므로 방문자들의 첫 방문 사이트가 되기 마련이다. 사용자가 임대 공간을 찾기 위해 여러 웹사이트를 둘러봤다 해도 에어비앤비가 제외될 가능성은 매우 희박하다. 따라서 집을 굳이 다른 사이트에 등록하지 않더라도 게스트는 에어비앤비에 등록한 집을 한 번이라도 보게 되어 있다.

단 여느 전략처럼 예외는 있다. 게스트 수요가 희박한 지역에 위치한 집이라면 한 군데보다는 여러 사이트에 올리는 것도 한 방법일 수 있다. 경쟁률이 낮으면 굳이 차별화를 할 필요가 없고, 안정된 평판을 쌓을 필요도 줄어들기 때문이다. 공급률이 낮기 때문에 집은 언제나 검색 결과의 최상단에 위치할 것이다.

이 책은 누구를 위한 것인가?

이 책의 대상은 두 부류로 나뉜다.

- 수익을 향상시키고자 하는 현재의 에어비앤비 호스트
- 단기 임대 사업에 처음 도전해보려는 부동산 소유자

기존 호스트들에게는 금괴의 열쇠를 물려주고 싶다. 내 목표는 독자 자신이 거주하는 집의 가치를 극대화할 수 있는 조언을 해주는 것이다. 또한 독자의 목표는 최상의 호스트가 되는 것이라는 점을 전제로 할 것이다. 즉 독자의 집 검색 순위가 지역 검색 결과에서 최상단에 놓이고, 집 가격이 극대화되며, 최고의 게스트들을 끌어 모으는 집으로 거듭나게 한다는 뜻이다.

두 번째 그룹 사람들, 즉 단기 임대업 초심자들에게는 그들이 미처 발견하지 못한 무한한 가능성을 열어주고 싶다. 많은 주택 소유주가 이 사업에 뛰어들기 꺼리는 까닭은 연이은 방문객들을 관리하는 일이 짐짓 복잡해 보이기 때문이다. 그뿐만 아니라 그들은 낯선 이를 맞아들이는 일의 위험 부담 때문에 도전을 단념하기도 한다. 하지만 앞서 설명했듯이 그 위험성이란 관리 가능한 것이다. 호스트는 게스트를 맞아들이고 그러지 않을 수 있는 전권을 갖고 있어 어느 정도의 리스크를 감수할 것이냐는 재량으로 정할 수 있다. 물론 한 사람과 1년 임대 계약을 체결하는 것이 훨씬 간편해 보이기는 하지만, 기본적인 실행 방침만 마련해놓으면 단기 임대 운용 역시 그렇게 시간이나 품이 많이 드는 일은 아니다. 게다가 그로부터 파생되는 경제적 이득도 더한 노력의 값어치 그 이상이다. 일반적인 임대 수익에 비해 순소득이 두 배, 어떤 경우에는 세 배까지 뛰어오르는 사업을 그냥 포기하겠는가?

에어비앤비 호스트를 위해 쓴 책이지만, 기술된 개념 중 많은 수는 다른 숙박 전문 웹사이트에도 적용 가능하다. 대부분의 경우 에어비앤비를 단독으로 사용하는 것이 최선의 결과를 낳는다고 생각하지만, 원한다면 이 책에 기재된 기본 원칙을 원하는 어떤 사이트의 어떤 집에든 적용할 수 있을 것이다.

INTRODUCTION 신통방통한 내 작은 아파트

이 책을
어떻게 사용할 것인가?

이 안내서는 에어비앤비에 집을 등록하는 최선의 방법과 임대 수익을 극대화하는 방법에 대한 모든 것을 망라한 참고서이다. 집으로부터 최대치의 수익을 끌어내기 위해 알아야 하는 모든 것이 여기 담겨 있다.

다른 에어비앤비 관련 서적과 달리 일회성 독서용으로 기획된 책이 아니다. 물론 하루 만에 훑어볼 수도 있지만, 본격적으로 에어비앤비에 집을 등록하거나 등록된 집 내용을 수정할 때 곁에 두고 참고할 수 있도록 구성했다. 일단 한 번 통독하고, 등록한 집을 손보고 싶을 때 틈틈이 다시 꺼내보기를 권한다.

이 책은 에어비앤비의 호스트가 되는 것에 관한 모든 이슈를 다루고 있다. 복잡한 세부까지 다루고 있기 때문에, 때로는 어렵고 복잡하다는 느낌이 들 수도 있다. 그러니 직접 등록한 집을 관리할 때 관련 섹션을 다시 찾아 읽기를 권한다. 가령 모처럼 에어비앤비 가이드북을 한번 훑어볼 요량으로 자리에 앉았다면, 그에 부합하는 이 책의 섹션을 펼쳐 함께 참고하길 바란다. 에어비앤비 집 등록이라는 미로를 잘 헤쳐 나갈 수 있게 돕는 지도 역할을 할 것이다.

> 🔴 **지금 해보자!**

에어비앤비에 집을 등록하고 계정을 운영할 계획을 짜고 있다면 '지금 해보자!' 코너에 주목할 것을 권한다. 이 코너는 독자들이 읽는 즉시 실천에 옮기도록 의도된 실행 항목이다. 이 부분을 읽을 때 책을 내려놓고 여기 기술된 대로 곧바로 실전에 도전해보기를 원한다. 실행 항목을 차근차근 따라하면 집 등록을 위한 훌륭한 프레임워크와 튼튼한 기반을 마련해둘 수 있다. 게다가 무의식에 잠복한 나태함이라는 무서운 괴물에 굴복당하는 것을 미리 막을 수 있는 방법이기도 하다.

미리 보는
《월세보다 쏠쏠한 에어비앤비》

1장 〈집 단장하기〉는 게스트의 도착에 앞서 숙소를 준비하기 위해 알아야 할 모든 것을 다루고 있다. 미리 치워놓아야 할 물건이나 게스트가 유용하게 쓸 수 있는 가전제품을 알아보고, 편안한 숙박 환경을 만드는 방법과 게스트에게 출입 수단을 전할 방법을 설명한다.

2장 〈마음을 사로잡을 수 있는 집 만들기〉는 집을 사용자들에게 인기 있는 집으로 부상시키려면 소개 페이지를 어떻게 해야 하는지 구석구석 다루고 있다. 프로필, 타이틀, 설명, 숙소이용 규칙, 예약 취소 방침, 최소 및 최대 숙박일 수를 하나씩 설명할 것이다.

3장 〈가격 책정하기〉에서는 최적의 가격을 찾는 복잡하고 골치 아픈 과제를 논한다. ❶새로운 집에 대한 가격 정책을 마련하는 법과 ❷기존 집 가격을 수요에 맞춰 조정하는 방법, ❸할인을 원하는 게스트와 협상하는 방법을 설명할 것이다.

4장 〈게스트〉는 이 책에서 가장 중요한 장이 될 것이다. 게스트와 어떻게 커뮤니케이션하고 게스트를 어떻게 대우하느냐는 임대사업의 잠재 수명과 성공을 결정하는 요인이 된다. 독자들이 이 장을 신중히 공부해 고객 서비스와 관련해 안일한 태도를 취하는 실수를 피할 수 있기를 바란다. 이 장에서는 ❶게스트와의 커뮤니케이션 방법, ❷문제가 발생했을 때의 대처 방법, ❸피드백을 얻는 노하우를 포함한 광범한 주제를 다룰 것이다.

5장 〈고객의 피드백〉에서는 에어비앤비의 후기 관련 기준을 검토한다. 호의적인 후기를 받는 것은 잠재 게스트의 문의와 예약 수를 증가시키는 관건이다. ❶에어비앤비 게스트 만족도 평가의 작용 원리, ❷호의적인 후기를 받는 방법, ❸부정적 후기를 관리하는 방법을 살펴볼 것이다. 부정적인 후기는 분명 평판을 손상시킬 수 있지만, 손해를 최소화하고 그것을 잠재로 유리하게 활용할 수 있는 방법도 존재한다.

6장 〈숙소 홍보하기〉는 등록한 집을 광고하는 방법을 다룬다. 집을 홍보하는 방법에는 여러 가지가 있지만, 가장 중요한 채널은 물론 에어비앤비 검색 결과이다. 이 장은 검색 결과에서 눈에 띄는 위치를 차지하기 위한 방법을 낱낱이 분석한다. 근린이나 도시 기준 검색 결과에서 첫 페이지에 노출되는 것은 그러지 못한 경우와 엄청나게 다른 결과를 가져온다.

7장 〈각종 툴과 애플리케이션〉에서는 숙소 관리에 도움이 되는 툴과 애플리케이션을 소개한다.

이 책에는 내가 아파트를 관리할 때 사용하는 실례와 표본을 많이 집어넣었다. 독자들이 이 참고서를 가이드 삼아 각자의 프로필이나 게스트와의 커뮤니케이션을 조정해나갈 수 있도록 하기 위해서다.

INTRODUCTION 신통방통한 내 작은 아파트

이 책의 주요 메시지

독자들을 에어비앤비의 유능하고 막강한 호스트로 만드는 것이 이 책의 목표이다. 임대 수익을 증대시키는 데 필요불가결한 촉매는 호스트로서 제공하는 서비스의 질이다. 단기 임대 사업을 장악하고 있는 가치는 바로 고객 서비스와 전반적인 품질이다. 이 책은 단순한 요령이나 기술에 관한 책이 아니라 ❶ 경탄할 만한 상품을 만드는 방법, ❷ 자신의 훌륭한 부동산에 대한 입소문을 내는 방법, ❸ 게스트들이 환영받는 느낌과 안락함을 느낄 수 있게 하는 방법을 논하는 책이다. 가능한 한 최고의 호스트가 되는 것, 그것이야말로 성공을 만드는 유일한 레시피이다.

Chapter 1
집
단장하기

에어비앤비에 집을 등록하기 전에 '우리 집이 손님맞이를 할 준비가 되었는가?'를 생각해봐야 한다. 준비 작업을 위한 매뉴얼은 없을까? 도움이 될 만한 체크 리스트를 찾기 전에 기억해야 할 것이 있다. 손님들의 기대 수준이 의외로 높다는 것이다. 특히 시각적으로 기분 좋은 공간에서 휴가를 보내고 싶어 하는 손님이 대부분이다. 이들은 호사로운 호텔 로비, 친절한 호텔 직원, 화려한 편의 시설에 익숙하다.

그렇다고 나선형 계단이나 화려하기 그지없는 샹들리에를 다는 인테리어 공사를 할 수는 없는 노릇이다. 호텔에 버금가는 분위기를 연출하라고 제안하는 것이 아니다. 손님이 편안함과 안정감을 느끼며, 대접받고 있다고 느끼게 하면 된다. 손님의 질문에 친절하게 답해주고, 우려 사항을 해결해주며, 필요한 부분을 적절히 만족시키는 편안한 휴가를 즐길 수 있도록 해주면 되는 것이다. 집주인은 멋진 휴가를 위한 전체 시나리오에서 한 가지 역할을 맡은 셈이다. 멋진 손님이 현지 도시에서 잊을 수 없는 휴가를 경험할 수 있도록 최대한 도와주는 역할 말이다.

CHAPTER 1 집 단장하기

게스트에게 편안한
공간 만들기

개인적인 주거 공간을 친화적인 공간으로 탈바꿈시키는 데는 몇 가지 노력이 필요하다. 꼼꼼하게 신경 써야 하는 사항 중에는 직관적으로 할 수 있는 것도 있지만, 의식적으로 기억해야 하는 것도 있다.

개인 용품을 치우거나 다른 곳에 수납하기

일단 손님에게 불필요하지만 주인에게는 중요한 개인 용품부터 치운다. 자신의 물품을 굳이 늘어놓을 필요가 없지 않은가. 집주인이 즐겨 입는 잠옷을 손님이 입어보길 바라진 않을 것이다. 또한 손님도 화장실에서 집주인의 칫솔이나 면도기를 보고 싶진 않을 것이다. 손님이 오기 전에 치워야 하는 물건은 다음과 같다.

- 옷
- 컴퓨터
- 보석 및 액세서리
- 개인 사진
- 개인 세면도구(면도기, 칫솔 등) 및 복용약
- 신발
- 개인 문서

▲ 손님에게 불필요한 용품은 치우는 것이 좋다

반면 손님에게 유용한 물품도 있다. 나는 주로 다음의 개인 용품은 손님을 위해 치우지 않는다.

- 책
- DVD
- 비디오 게임
- 잡지

참고로 우리 집에서는 불미스러운 도난 사건이 전혀 없었다.

게스트를 위한 필수 물품들을 구입하자

목표로 삼아야 할 것은 여행지에서 만나는 내 집 같은 숙소를 구현해내는 것이다. 훌륭한 호스트가 되기 위한 핵심 목표는 아파트를 친근하고 안락한 곳으로 만드는 일이다. 내가 에어비앤비에서 임대했던 숙소 중 최고의 숙소는 크로아티아 흐바르섬의 복층 아파트였다. 친구 서너 명과 함께 도시 한가운데에 있는 근사한 콘도를 빌렸다. 입지는 더없이 훌륭했고 호스트 역시 무척 친절했는데 그 여행을 진정 기억에 남을 경험으로 만들어준 것은 집에 갖춰진 편의시설이었다. 주방에는 식재료가 준비돼 있었고 주방 기구도 근사했으며, 세탁기, 새 수건으로 꽉 찬 수건장, 위성 연결된 두 대의 TV, 게다가 블록버스터 영화 DVD도 구색을 맞춰 갖춰져 있었다. 진정 최고의 경험이었다.

왜 그렇게 특별한 느낌이 들었을까? 마치 내 집처럼 편안한 느낌을 들게 한 것은 바로 그 세심하게 마련된 작은 '덤'들 덕분이었다. 본원적인 친밀감은 실로 국경을 초월하는 듯하다. 그 아파트에 들어서는 순간 평온한 분위기가 온몸을 감쌌다. 긴장이 풀어지는 느낌을 받았다.

호스트로서 내 목표는 바로 그 같은 친근한 느낌을 내 집을 찾는 모든 게스트에게 선사하는 것이다. 지금까지 거의 100그룹의 게스트를 받았다. 그들의 요청 사항과 제안을 경청했던 경험을 바탕으로, 숙소를 진정으로 따뜻하고 환대적인 분위기로 만들 수 있는 모든 기본 사항을 포괄적인 목록으로 정리해보았다.

침실 용품	• 여분의 이불 • 여분의 베개 • 수건	• 유아용 침대 • 여분의 에어매트리스 • 알람시계
욕실 용품	• 페이퍼타월 • 화장지 • 티슈 • 물비누, 샴푸	• 옷과 수건을 걸 수 있는 고리 • 헤어드라이어 • 일회용 면도칼, 면도용 크림 • 치약

주방 용품	• 전자레인지 • 토스터/토스터 오븐 • 티포트 • 소금 • 설탕 • 기름	• 커피메이커 • 샐러드 믹서 • 잘 드는 칼과 도마 • 프라이팬과 냄비 두 개씩 • 기본 식기 최소 4세트
청소 용품	• 섬유탈취제(예: 페브리즈) • 빗자루	• 진공청소기 • 다목적 분무형 세제

방 두 개짜리 아파트를 임대한다고 해도 한 번에 네다섯 명의 게스트가 숙박하는 일도 많다. 그렇기 때문에 여러 명의 게스트를 염두에 두고 침대 시트와 이불 등을 충분히 마련해놓는 것이 좋다.

⊃ 지금 해보자!

집을 한번 둘러보자. 모든 방을 돌아보며 이렇게 자문해보자.

❶ 빠진 물품은 무엇인가?
❷ 불필요한 물품은 무엇인가?

이에 대한 답으로 일련의 목록을 만들면서 각 공간을 체크하자.

게스트가 잠을 편히 잘 수 있게 배려하자

안락한 체류를 제공함에 있어 가장 중요한 요소 중 하나는 바로 숙면을 유도하는 공간을 조성하는 일이다. 울퉁불퉁한 매트리스, 신경을 건드리는 소리나 소음, 불편한 침구는 곧장 부정적인 후기로 이어지기 십상이다. 호스트는 아주 간단하고 저렴한 과제들만 완수해도 게스트가 숙소에서 깊고 편안히 잠들 수 있도록 해줄 수 있다.

- 외부의 빛을 꼼꼼히 막아줄 수 있는 휘장이나 커튼을 설치한다.
- 침대 상단을 부드러운 스펀지 매트리스로 덮는다.
- 밤 기온에 맞춰 덮을 수 있도록 두께가 다른 담요를 준비한다.
- 안대와 귀마개를 침대 가에 놓아둔다.
- 침실에 소형 선풍기를 준비해둔다.

욕실

욕실은 반드시 티 하나 없이 말끔해야 한다! 잊지 말자, 경쟁 대상은 고급 호텔이다. 5성급 호텔에 체크인해서 그곳 욕실에 먼지 하나 있는 것을 본 적이 과연 있는가? 그처럼 숙소의 화장실은 완벽에 가깝게 문질러 닦여 있어야 하고, 세면대는 때 하나 없이 깔끔해야 하며, 샤워실에도 곰팡이 한 점 눈에 띄어서도 안 된다. 이는 기본적으로 지켜야 할 표준이다. 특히 유난히 청결한 게스트의 경우에는 어느 정도 깨끗한 수준의 욕실도 전체 체류 경험을 망치는 요인이 될 수 있다. 욕실은 매우 사적인 공간이다. 욕실 시설을 사용하는 동안에는 마음 놓을 만한 안전감과 신뢰를 느낄 수 있어야 한다.

평균 이상을 목표로 한다면 더 신경 쓸 만한 것들

이제까지 언급한 것들을 실천한다면 호의적인 후기를 받을 수 있는 노선에 안착한 셈이다. 하지만 절대적인 완벽성, 진정한 5성급 수준의 서비스를 추구한다면, 그 이상의 노력을 더 기울일 수 있다. 이 도전에 기꺼이 응하겠다면, 아래의 심화 과제를 실천해보자.

- 현지 심(SIM) 카드가 장착된 휴대전화 제공
- 관광지, 레스토랑, 주점의 할인 쿠폰 제공
- 가까운 레스토랑의 메뉴 마련
- 자전거를 이용 가능
- 대중교통 카드 제공
- 공항 픽업 서비스 제공

디스플레이의 위력을 활용하자

일류 서비스는 제공되는 물품으로만 결정되는 것이 아니라 제공되는 방식으로도 판가름 난다. 미국의 리얼리티 요리대결 TV 프로그램 〈톱 셰프〉를 보면 훌륭한 식재료와 완벽한 양념은 우승의 필수 요소이지만, 군계일학은 디스플레이에서 나온다. 관건은 각 요소가 어떻게 배치되느냐다. 컬러, 대칭, 전체적인 미적 분위기가 중요하다. 요리 대결 프로그램에서처럼 디스플레이는 단기 임대라는 대결에서도 역시 핵심이다.

숙소를 호화 리조트처럼 근사하고 품격 있게 보일 수 있도록 할 몇 가지 족집게 조언을 들어보자면 다음과 같다.

- 수건을 빈틈없이 단정히 개어 위에 샴푸 한 병과 비누 패키지를 놓는다.
- 침대 위에 짤막한 환영 메시지를 곁들여 박하사탕이나 초콜릿을 올려둔다.
- 냉장고에 맥주 여섯 팩을 준비한다.
- 사과와 오렌지를 장식용 주발에 담아 주방 테이블 위에 놓는다.

후각에도 공을 들이자

내가 세상에서 가장 좋아하는 호텔은 바로 샹그릴라 체인의 호텔들이다. 이들은 흠 잡을 데 없는 서비스, 호화로운 숙소, 맛있는 음식으로 유명하다. 하지만 뇌에서 절대 지워지지 않는 것이 있다. 무엇인지 짐작하겠는가? 고상한 회전문을 밀고 로비에 들어가는 순간부터 내 집 같은 편안함을 느끼게 하는 것이 바로 무엇인지 알겠는가? 바로 쾌적하고 친근한 샹그릴라 호텔만의 냄새이다. 호텔 로비에 들어서자마자 싱그럽고 상쾌한 꽃향기가 따스하게 반겨준다. 그 안도감이란.

게스트를 위해 연출해야 할 분위기도 바로 그런 것이다. 집안의 공기를 반겨주는 느낌의 향(단 후각을 지나치게 자극하지는 않아야 한다)으로 채울 필요가 있다. 이는 게스트에게 친숙감을 느끼게 해줄 뿐만 아니라 숙소가 여느 곳보다 특별히 더 깨끗하다는 인상을 강화시킨다. 대중적으로 사랑받는 제품 브랜드의 뉴트럴 향을 추천한다. 몇 가지 훌륭한 방향제를 예로 들면 다음과 같다.

- 글레이드Glade 플러그인
- 페브리즈Febreze 비치형Noticeables
- 해밀턴비치Hamilton Beach 트루에어TrueAir 비치형 탈취제
- 향초(인기 있는 순서대로)
  - 초콜릿
  - 사과
  - 코튼
  - 부드러운 섬유향
  - 라벤더
  - 코코넛
  - 레몬
  - 쿠키
  - 샌들우드
  - 바닐라

집에 투자하자

게스트들에게 기본 시설을 제공하는 일은 필수이다. 비교적 저렴한 가격으로 구매할 수 있는 물품으로 게스트의 큰 호응을 이끌어낼 수 있다. 최소한의 투자로 영광스런 후기를 대거 얻을 수 있는 것이다.

하지만 고가의 물품은 어떨까? 친구들은 종종 내게 100만 원대 매트리스를 사야 하느냐, 혹은 350만 원을 호가하는 평면 TV를 구입해야 하느냐 물으며 조언을 구한다. 물론 그런 물건을 갖추면 근사하겠지만 모든 구매 결정을 일종의 투자 전략으로 보아야 한다. 값비싼 물품의 구매 여부를 결정할 때는 게스트에게 부담 지울 수 있을 추가 금액을 고려해야 한다.

이렇게 생각해보자. 집에 새 매트리스를 들일 생각을 하고 있다. 지금 침대는 적당히 편안하고 살짝 헤졌는데, 눈독을 들이고 있는 매트리스는 놀라울 정도로 푹신하며 100만 원이나 한다. 이것을 사야 할 것인지는 숫자로 따져보자.

우선 훨씬 더 좋은 매트리스에 대한 게스트의 지불 금액은 얼마겠는가? 1박에 1천 원 더? 혹은 2천 원씩 더? 정답이 없는 질문이니, 호스트로서 할 수 있는 최선은 논리와 상식을 적용해봐야 한다. 고가의 안락한 침대가 1박에 최소한 3천 원씩 가격을 올리는 것을 정당화해줄 수 있다고 가정해보자. 1년에 대략 200일 임대되는데 매트리스를 새로 구매하면, 2년 뒤에는 120만 원의 추가 소득이 생긴다. 즉 20만 원이라는 순이익을 얻게 되는 것이다. 그렇다면 당장 그 매트리스를 사는 게 좋을까? 서두르기 전에 좀 더 생각해보자.

매트리스 업체에 전화를 걸기 전에 기회비용을 먼저 따져보자.

CHAPTER 1 집 단장하기

가령 20만 원 하는 최고급 스펀지 매트리스를 구매한다고 했을 때, 지출한 만큼 숙박료를 올릴 수 있겠는가? 만약 그렇다면 2년 안에 100여 만 원의 이익을 얻을 수 있을 것이다! 간단히 적용할 수 있도록 효율적인 방식으로 숙소의 가치를 높일 수 있는 핵심 물품 몇 가지를 간단히 정리해보았다.

- 적정 가격대의 LCD TV: 45~55만 원
- 대단히 안락한 스펀지 소재 상단 매트리스: 10~20만 원
- 실내에 구비된 세탁기: 80~100만 원

최적의 투자 방식을 판단할 좋은 방법은 숙소에 대한 게스트의 피드백을 검토해보는 것이다. 게스트가 남긴 후기와 일대일 메시지를 통해 어떤 제안이 제기되었는지 살펴보자. 이는 모든 호스트들이 자유롭게 활용할 수 있는 가치 있는 조사 방법이다. 그 혜택을 최대한 누리자.

➲ 지금 해보자!

아파트에 구비하면 좋겠다 싶은 근사한 가전제품을 모두 떠올려보자. 목록을 만들고, 각 물품을 구비할 때 게스트들이 하룻밤 숙박료로 기꺼이 얼마를 더 지불할 것인지 어림해보자. 그 후 그와 동일한 결과를 낼 수 있는 효율적인 대안을 궁리해보자.

숙소를 출입할 수 있는 방법 일러두기

호텔은 믿을 수 있는 공간이다. 3성급 수준의 호텔도 24시간 서비스를 제공하는 듬직한 프런트데스크를 운영한다. 즉 처음 찾은 게스트도 하루 중 어느 때든 호텔에 들어오면 누군가는 그를 도와 체크인을 할 수 있게 해준다. 언제든 부르면 달려와 주는 누군가가 있다는 믿음은 굉장한 호사이다. 게다가 숙소 열쇠를 잃어버려도, 프런트데스크에서 새로 열쇠를 받기만 하면 큰 문제없이 사태는 해결된다.

프런트데스크나 직원 없이도 이에 버금가는 서비스를 제공하려면 어떻게 해야 할까? 답은 간단하다.

자동 잠금장치

전 세계 호스트들에게 최근 인기를 얻고 있는 것은 현관에 장착하는 자동 잠금장치이다. 게스트들이 숫자로 된 비밀번호만 입력하면 (혹은 지문을 찍기만 하면) 숙소에 자유로이 출입할 수 있게 해준다. 게스트가 바뀔 때마다 호스트는 비밀번호를 원격으로 교체할 수 있다. 이 옵션은 특히 여행이 잦은 호스트들에게 인기 있다. 게스트는 호스트를 직접 만나지 않고도 숙소에 체크인할 수 있다(하지만 게스트의 첫 체크인 때는 일대일로 만나서 인사를 나누는 것을 권한다).

이 원격 잠금장치의 또 다른 이점은 현관문이 장시간 열린 채 방치되어 있을 경우 호스트에게 알람 메시지를 전송할 수 있다는 것이다. 제품 브랜드마다 메시지 송수신 및 환경설정 기능에서 자유롭게 설정할 수 있는 옵션이 다르다. 자동 잠금장치 덕분에 여러 개의 열쇠가 필요 없으므로 투숙 과정 전체가 간소해진다. 게스트들은 열쇠를 분실하거나 열쇠를 실내에 두고 문을 잠근 채 아파트에서 나와 입실이 불가능해지는 일을 걱정할 필요가 없다.

간편히 적용할 수 있도록 몇 가지 훌륭한 자동 잠금장치 제품을 알아보자.

ResortLock RL2000

◀ ResortLock RL2000

ResortLock RL2000은 299달러로 비교적 가격이 높은 편이지만 구비하면 좋은 제품이다. 800개의 영구적인 사용자 암호를 저장할 수 있으며, 하루 중 지정한 시간에 문이 열리고 잠기도록 설정해둘 수도 있다. AA 건전지 네 개를 장착하게 되어 있다. RL2000은 현관 잠금장치를 완전히 새로 설치해야 하는 제품이다.

Lockitron

◀ Lockitron

Lockitron은 179달러에 판매된다. 열쇠를 돌려서 여는 가장 흔한 데드볼트 형태의 현관 잠금장치에 그대로 장착 가능하다. 휴대전화로 원격 제어할 수 있고 사용자가 직접 조작할 수 있는 메시지 송신도 가능하다. 문자 메시지를 이용해 열 수 있도록 프로그래밍해둘 수도 있다.

Schlage Camelot Touchscreen Deadbolt

◀ BE469NX CAM 619

199달러에 판매되고 있으며 최대 30개까지의 암호를 저장하고, 넥시아 홈 인텔리전스 시스템과 통합돼 편리하게 이용할 수 있다. 넥시아 시스템은 무선 카메라, 조광 제어 모듈, 자동 온도 조절 장치를 제공한다. 이 도어록은 움직임 감지 경보 기술뿐만 아니라 자물쇠 조작 방지 기능까지 갖추고 있다.

Kwikset 909 Smartcode Deadbolt

◀ Kwikset 909 Smartcode Deadbolt

Kwikset 909 Smartcode Deadbolt는 130달러이다. 네 개의 AA 건전지로 작동되며, 건전지는 (사용량이나 외부 기온에 따라 차이는 있지만) 약 6개월간 쓸 수 있다. 후면 조명이 있어서 사용하기 편리하다.

iTouchless Bio-Matic BM002U

◀ iTouchless Bio-Matic BM002U

iTouchless Bio-Matic BM002U은 300달러로 비교적 가격이 높은 제품이다. 지문 인식 기능과 숫자 입력 터치패드가 결합된 장치이다. 총 150개의 지문과 78개의 암호를 저장할 수 있다.

Schlage BE365 V Cam 619

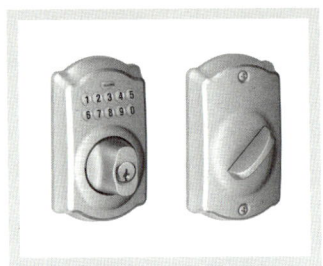

◀ Schlage BE465 V Cam619

Schlage BE365 V Cam 619은 130달러이며, 〈컨슈머 리포트〉 전자 도어록 카테고리에서 1위를 차지했다. 열아홉 개의 암호를 저장할 수 있으며, 사전 프로그래밍이 필요 없는 제품이다. 자동 잠금 기능은 없다.

Laykor YL-99

◀ Laykor YL-99

Laykor YL-99은 값비싼 모델 대신 구매할 수 있는 59달러의 저렴한 제품이다. 한 번에 열 개까지의 암호를 기억하고, 암호를 입력할 때 LED 표시기가 나타난다.

CHAPTER 1 집 단장하기

열쇠가 필요한 현관문일 경우

열쇠로 여는 기존의 잠금장치를 유지하는 경우 몇 가지 노하우를 소개한다.

첫째, 여분의 열쇠를 충분히 마련해두어야 한다. 2~3세트로는 부족하다. 지금 당장 5세트를 만들어두자. 너무 많은 것 같지 않느냐고? 과해 보이는 이 준비성 뒤에 숨은 내 전략을 소개하겠다. 첫 세트는 호스트(혹은 숙소 매니저)가 항시 보관하고 있어야 한다. 그렇게 하면 긴급한 상황이 발생했을 때나 호스트가 급히 현장에 와주어야 할 일이 생길 때 어려움 없이 집에 출입할 수 있다. 다음 두 세트는 게스트를 위한 열쇠이다(진정 호텔과 같은 서비스와 편의성을 제공하고 싶다면 그렇게 하는 것이 좋다). 이렇게 해두면 다수의 게스트가 밤이든 낮이든 서로 다른 곳으로 외출할 때 출입 문제로 난감한 상황을 겪을 필요가 없다.

네 번째 세트는 비상용으로 보관해야 한다. 호스트 자신이 열쇠를 잃어버렸을 때나 체류 중인 게스트의 열쇠를 바꿔주어야 할 경우를 대비해 어딘가에 보관해둘 필요가 있다. 권할 만한 것은 집에 있는 시간이 많은 믿을 만한 이웃에게 맡기는 것이다. 두 번째 비상용 열쇠가 될 다섯 번째 세트는 호스트(나 숙소 관리인) 본인이 어딘가에 보관해놓는다. 다섯 번째 열쇠를 마련해두는 것은 준비성과 선견지명의 정점이다. 게스트가 어느 음주가무의 결정판 격인 파티에 참석하게 되어 호스트가 챙겨준 열쇠 두 세트를 몽땅 잃어버리는 사건이 벌어질 경우, 문을 열어주고 새 열쇠를 건네주기 위해 호스트가 달려가야 하기 때문이다.

▲ 열쇠는 최소 다섯 개가 필요하다

다시 말해 불상사가 생길 경우 호스트는 숙소로 달려가 게스트에게 다섯 번째 열쇠를 넘기고 첫 번째와 네 번째 열쇠를 자신이 그대로 보관하게 되는 것이다. 그런 다음 호스트는 서둘러 열쇠점으로 가서 두 세트의 열쇠를 다시 새로 복사한다(이번에도 첫째 열쇠는 호스트가 보관해야 한다). 열쇠 두 세트를 미처 복제해놓기 전에 새 게스트를 맞이하더라도 호스트는 굳이 네 번째 열쇠를 꺼내지 않고도 게스트에게 열쇠 한 세트를 넘기고 자신 역시 한 세트를 보관할 수 있다. 그렇게 문제는 일단락되는 것이다. 나쁜 후기가 올라오는 일도 피할 수 있다. 자칫 위험할 수 있었던 하루가 무사히 끝난다. 브라보!

덧붙여 열쇠가 열쇠구멍에서 부드럽게 잘 돌아가는지 꼭 확인하는 것이 좋다. 현관 잠금장치가 잘 열리지 않는다면 교체하자. 그 잠금장치에 익숙해진 집주인은 열쇠를 사용하는 것이 어렵게 느껴지지 않을 수는 있어도 현관문을 열 때 열쇠를 넣고 좀 흔들어야 한다든가 열쇠를 한쪽으로 쏠리게 해서 열어야 한다든가 하는 것을 모르는 게스트를 고려해줄 필요가 있다.

CHAPTER 1 집 단장하기

숙소를
관리하는 방법

"지으면 그들이 찾아오리라."

야구와 천사가 등장하는 1989년 블록버스터 영화 〈꿈의 구장〉에 나오는 유명한 대사이다. 이 말은 단기 임대 사업에도 적용이 가능한 시간을 뛰어넘는 경구이다. 단 에어비앤비라는 퍼즐의 가장 중요한 한 조각, 즉 '관리'를 간과하는 면은 있지만 말이다. 숙소에 필요한 모든 것을 갖춰놓고 최악의 게스트도 받아들일 수 있을 만큼 준비를 갖췄다면, 이제 신경 써야 할 부분은 바로 그 상태로 숙소를 계속 유지해야 한다는 점이다. 숙소는 새로운 게스트가 체크인할 때마다 변함없이 청결해야 한다. 손님이 들 때마다 그 복잡한 세부 사항을 제대로 갖춰두고 싶다면, 원활하게 돌아가는 관리 시스템을 시간을 두고 준비할 필요가 있다.

모니터링

숙소 예약률을 최상의 수준으로 유지하는 것은 엄연한 집주인의 임무이다. 잠재적인 게스트가 이메일을 보내오면 제 시간에 답변을 보내는 책임은 온전히 집주인에게 있다. 에어비앤비 숙소 랭킹은 호스트의 신속한 대응에 영향을 받는다. 따라서 메일함을 꾸준히 체크하는 것이 중요하다. 메일 계정에 따라 필터를 만들어 문의가 들어오면 최대한 빨리 답변할 수 있게 하는 것을 권장한다.

증권사 트레이더로 일할 때, 이메일 송수신에 관한 나만의 엄격한 규칙이 있었다. 깨어 있는 동안 오는 문의 메일은 한 시간 안에 답변을 송신할 수 있게 한다는 것이었다. 호스트의 신속한 반응은 최상급 고객 서비스의 핵심 요소일 것이다. 각자의 사정에 따라 가능한 최선을 다해야 하겠지만, 최상의 커뮤니케이션 수준을 목표로 하라고 조언하고 싶다.

▲ 에어비앤비는 애플리케이션에서도 다운로드 가능하다

하지만 필자처럼 여행이 잦은 호스트라면 예약 상황에 완벽하게 주의를 기울이는 것이 더 어려워질 수 있다. 해결책이 없는 것은 아니다. 에어비앤비는 언제 어디에서든 자신의 숙소 수요 상황을 모니터링할 수 있는 훌륭한 방법을 마련해놓았으니, 그건 바로 모바일 애플리케이션이다. 사용하는 스마트 기기의 OS가 애플이든 구글이든 상관없다. 에어비앤비 애플리케이션은 모든 OS에 호환된다.

정기적인 숙소 청소

잊지 말자. 숙소의 청결은 기본이며, 대단히 중요하고, 필수적이고, 긴중하고, 절대적인 당위 요소라는 점을 말이다. 부디 기억하길 바란다. 2012년 J.D. 파워 J. D. Power and Associates 에서 숙박업에서의 고객 만족(혹은 불만족)에 대해 조사한 연구 결과를 발표했다. 고객의 제일 큰 불만 사항 중 하나는 청결함이었다. 숙소를 찾는 게스트는 위생 관념이 대단히 철저한 사람일 수 있으니, 새로운 게스트가 도착하기 전에 미리 숙소를 청소할 담당자를 고용해놓는 것을 권한다. 집주인 자신이 매우 깔끔한 편이라 자신한다 하더라도 청소 전문가 채용을 적극 제안한다.

청소부에게는 더할 나위 없이 철저하게 숙소를 청소해야 한다고 지시하자. 어떤 곳도 그냥 지나치는 곳이 있어선 안 되며, 먼지 하나 없이 반짝일 수준이 되어야 퇴근할 수 있다고 하자. 또 하나 조언을 덧붙이자면 청소를 미처 마치기 전에 게스트에게 조기 입실을 허락하게 되면, 그들은 첫인상으로 숙소를 판단해버릴 우려가 있다. 즉 집주인으로서는 고객을 최대한 배려해주기 위해 취한 행동이 오히려 역효과를 낼 수 있다. 조기 입실을 요구하는 게스트에게는 숙소가 아직 완전히 준비되지 않았으며 완벽하게 청소되기 전이라는 점을 양해해달라고 미리 알려줘야 한다.

내가 고용한 아주머니는 5성급 호텔에서 근무 중인 직원이다. 예상할 수 있겠지만 그분의 청결 기준은 대단히 높다. 완벽주의자인 데다 장인 수준으로 도가 튼 분이라서 완전무결한 서비스와 세세한 부분까지 챙기는 꼼꼼함을 믿고 의지한다.

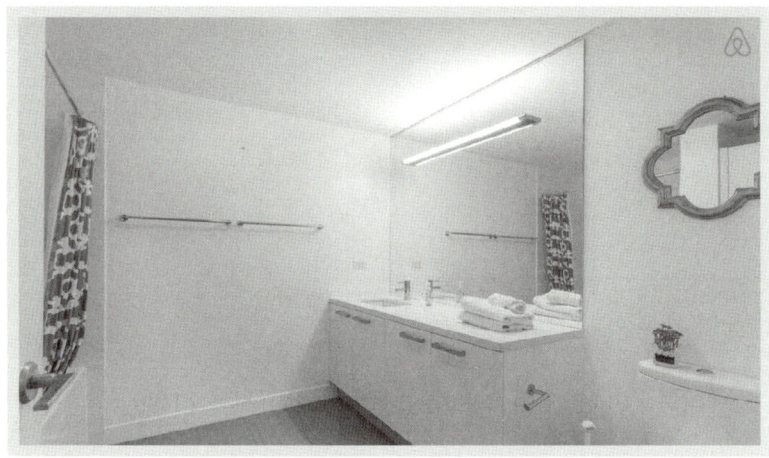
▲ 고객 만족을 위해 항상 청결해야 한다

　실력 있는 청소 담당자를 구하고 싶다면 보수를 넉넉히 책정하라고 조언하고 싶다. 호스트로서 5성급 별점과 탄탄한 후기를 쌓는다면, 그만한 투자와 고품질 서비스는 분명히 큰 이득이 돼서 돌아올 것이다.

에어비앤비의 파일럿 청소 서비스

미국 샌프란시스코, 로스앤젤레스, 뉴욕의 특정 지역에서 에어비앤비는 일부 호스트들을 대상으로 자체 청소 서비스를 선보였다. 서비스 이용 가격은 세 시간에 55달러로, 게스트가 입금한 예약금에서 바로 인출되는 시스템이다. 예약이 취소되면 청소 서비스도 자동으로 취소되고 비용도 청구되지 않는다.

　에어비앤비에서 보내온 홍보 이메일 내용을 보면 해당 서비스는 '저렴하고, 일정을 맞추기 편리하며, 세탁 서비스나 게스트를 위한 선물 바구니 같은 용품을 포함하는 등 맞춤 주문할 수 있다'고 한다. 이 청소 서비스는 행복한 체류에 가장 중요한 역할을 할 아파트 내 섹션들을 대상으로 이루어진다. 에어비앤비 청소 서비스가 적용되는 영역은 다음과 같다.

첫째, 침실과 공용 공간 손이 닿는 모든 부분의 먼지를 제거하고, 가구 표면과 테이블, 선반을 닦고, 거울과 유리로 된 세간을 닦고, 바닥 전체를 진공청소기와 대걸레로 청소하고, 휴지통을 비우고 재활용 쓰레기를 분리수거한다.

둘째, 욕실 청소부는 변기와 욕조를 씻고 닦아내고, 샤워기와 세면대를 씻고 소독하고, 거울과 유리로 된 세간을 닦고, 바닥 전체를 진공청소기와 대걸레로 청소하고, 휴지통을 비우고 재활용 쓰레기를 분리수거한다.

셋째, 주방 청소부는 싱크대와 더러운 그릇들을 모두 씻어내고, 전자레인지 안팎을 닦아내고, 바닥을 걸레질하고, 오븐을 닦아내고, 휴지통을 비우고 재활용 쓰레기를 분리수거한다.

이 최신 서비스가 암스테르담에는 아직 적용되지 않은 상황이라 아직 서비스를 이용해보지는 못했다. 에어비앤비 청소 서비스를 이용해본 사람들을 말을 들어보면 이용하는 것을 권하고 싶다. 가격 면에서 합리적일 뿐만 아니라 추측하건대 서비스의 품질도 매우 높기 때문이다(에어비앤비에서 자체적으로 지원하는 서비스이니 어련하겠는가!).

체크인

게스트를 숙소로 맞이하는 단계는 매우 중요하다. 아주 단순하고 쉬운 절차이긴 하지만, 이 단계에서 갈팡질팡하는 일이 없도록 주의해야 한다. 잘못 처리된 체크인은 부정적인 후기로 이어지고 게스트의 여행에 큰 오점을 남긴다.

가격 대비 훌륭한 마이애미 아파트에서 머문 적이 있다. 사우스비치에서 있을 결혼식에 참석하기 위해 친구들 몇 명과 동행했고, 한 주 동안 아름다운 마이애미를 즐기며 보낼 생각에 한껏 설레어 있었다. 하지만 여행은 시작부터 말썽이었다. 호스트가 무책임하고 무대응으로 일관하는 사람이었기에 거의 세 시간이나 기다려서야 아파트에 들어갈 수 있었다. 그 탓에 결혼 피로연에는 늦어버리고, 파티 주최자의 기분을 상하게 만들고 말았다. 설상가상으로 호스트는 진심 어린 사과조차 건네지 않았다. 화가 나고 불쾌했던 것은 굳이 말할 필요도 없을 것이다.

호스트가 직접 손님을 맞이하자

가장 이상적인 것은 호스트 자신이 체크인 과정을 전부 처리하는 것이다. 나 역시 연중 대부분을 타지에서 보내지만, 암스테르담에 체류 중일 때는 직접 게스트를 맞이하는 것을 철칙으로 삼고 있다. 호스트의 그 같은 배려는 감사하게 받아들여질 뿐만 아니라, 호스트 입장에서도 게스트에 대해 알고 그들의 여행 경험을 최적화할 방법을 생각할 수 있는 소중한 기회가 된다.

직접 맞이할 수 있다면 그 기회를 빌려 게스트에게 아파트 주변을 소개하고 들르면 좋을 곳을 알려줄 수 있다. 게스트는 토박이가 알려준 정보로 좀 더 친밀한 휴가를 경험하고, 호스트는 호의적인 후기를 획득할 수 있는 훌륭한 방법이다. 조언하자면 반드시 **약속한 시간에 모습을 보여야 한다.** 게스트에게 정오에 체크인할 수 있다고 말했다면, 호스트는 최소한 11시 45분에는 집에 도착해야 한다.

나는 게스트가 어느 정도 짐을 정리하면, 가까운 카페에서 커피를 대접하는 편이다. 한 시간쯤 함께 이야기를 나누며 그들에 대한 정보를 얻고, 질문에는 답변을 해주고, 여행 계획도 물어볼 수 있다. 좋은 후기를 염두에 둔 것이 아니고, 진심으로 게스트들에게 관심이 많다. 나처럼 사람을 좋아하는 성격이라면, 이렇게 일부러 시간을 더 내서 게스트들과 친해지는 것도 추천할 만하다. 즐거운 일일뿐더러 게스트도 편안함을 느낄 수 있다.

하지만 어떤 게스트가 방문하느냐에 따라 그때그때의 필요에 맞게 처신해야 한다는 점을 잊으면 안 된다. 게스트가 피곤해 보이거나 수줍은 성격인 것 같으면, 간단히 체크인 과정을 처리해주고 자리를 비워주는 것이 좋다.

외부 인력에 맡기기

직접 체크인을 관리할 수 없다면, 집주인을 위해 그 일을 대신해줄 책임감이 뛰어나고 호감 가는 성격의 누군가를 찾아야 한다. 이 역할은 중요한 역할이므로, 채용에 신중을 기해야 한다.

후보로 염두에 둘 만한 사람은 다음과 같다.

- 사회성이 좋다.
- 문제가 생길 경우 항시 현장에 나올 수 있다.
- 대응이 빠르고, 믿음직하고, 시간을 잘 지킨다.
- 아파트 인근에 거주하는 사람이다.

❶은퇴한 이웃이나 ❷가까이 사는 가족, 혹은 ❸친한 친구는 확실히 좋은 후보이다. 하지만 그 일을 무료로 맡아주겠다는 친구나 가족이 있더라도, 무료로 부탁하진 말자. '뿌린 대로 거둔다'라는 말처럼, 책임감 있고 사근사근하며 무엇보다 프로 정신이 대단히 뛰어난 사람을 원한다면 적절한 보수를 협상할 필요가 있다.

부적격 수준의 직원이나 친구에게 업무를 맡기면 결과적으로 막대한 손해를 입을 수 있다. 체크인 매니저가 아파트에 가봐야 한다는 것을 깜박 잊어버리고 전화를 걸어도 받지 않는다고 해보자. 한두 시간만 지나면 게스트는 어쩔 수 없이 가까운 호텔을 찾아갈 것이다. 그런 일이 생기면 호스트는 전체 임대율이 떨어지고 만다. 하지만 그 정도는 빙산의 일각에 불과하다. 게스트는 가차 없는 후기를 써서 모두가 보도록 공개할 테니 말이다. 한 건의 나쁜 후기는 이 사업을 갓 시작한 호스트에게는 회복하기 어려운 악재가 될 수 있다. 요점은 이렇다. 체크인 매니저는 언제든 제 시간에 아파트에 도착해야 한다. 약속을 어기는 것은 있을 수 없는 일이다.

청소 담당자에게 체크인 관리를 맡기자

운 좋게도 체크인 과정을 기꺼이 담당하겠다고 해주는 호감 가는 성격의 상냥한 청소 담당자를 두고 있다면, 그의 역량을 이용하는 것이 좋다. 내 경우가 그런 예인데, 청소를 맡아주는 아주머니가 체크인까지 도맡아 챙겨준다. 센스 있고 친절한 데다 숙박업에 관한 경험이 많은 분이다. 청소를 끝내자마자 체크인까지 마무리해주니 이상적인 조력자인 셈이다. 게다가 게스트에게 문제가 발생했을 때 언제든 그분께 의지도 할 수 있다.

그분이 맡은 역할과 최상급 서비스 덕분에 보수를 넉넉히 챙겨드리는 편이다. 사실상 일반적인 청소 업무보다 체크인 등의 일에서 훨씬 더 많은 보수를 받는다. 그만한 대접을 충분히 받을 만한 분이지만, 또 다른 이유는 그런 대우로 그분의 수고가 감사하게 받아들여지고 있다는 사실을 알려드리기 위해서이다. 게다가 그렇게 좋은 처우는 계속해서 훌륭한 서비스를 제공해주도록 유도하는 인센티브 역할을 한다.

그래서 얼마나 주냐고? 체크인 당 85달러씩 드린다. 너무 많이 드리는 게 아니냐는 의견도 있겠지만, 그만큼 책정한 이유를 이제 설명해보겠다. 첫째, 내 아파트의 임대료는 대략 하룻밤에 200달러 수준이다. 그리고 게스트들은 평균 나흘씩 머물다 간다. 즉 방문당 800달러가 들어오는 셈이다. 95달러는 약 10.6%니 적정한 액수라고 생각한다. 그리고 이 같은 보수로 단지 청소라든가 게스트를 맞아주는 사람 좋은 얼굴만 얻을 수 있는 것은 아니다. 어떤 문제가 생기더라도 완벽히 믿고 의지할 수 있는 혜택도 있다. 열쇠를 잃어 버렸다면? 염려할 것 없다. 아주머니께 전화만 하면 15분 내로 달려와주실 테니까. 근사한 클럽이나 카페를 알고 싶다면? 아주머니께 술 한 잔만 대접해드리면 어디로 가야 제대로 즐길 수 있는지 바로 알려줄 것이다. 내가 지급하는 85달러는 미소와 함께 따라오는 최상급 서비스를 보장해주는 것이다. 괜찮지 않은가?

문제를 처리하고 게스트의 질문에 답을 해주는 것은 물론 그분은 (화장실 휴지, 청소용품 등과 같은) 생활 용품들이 떨어지면 다시 구비하고 가전이나 전기 기기들도 관리한다. 나는 대부분 이동 중인 탓에 이러한 업무 분담은 불가결한 세팅이 아닐 수 없다. 내게는 지금까지 굉장히 잘 진행된 방식이므로, 다른 호스트들에게도 강력 추천하고 싶다.

> **지금 해보자!**
>
> 체크인을 담당해줄 적절한 후보로 생각되는 지인들의 이름을 적어보자. 그다음엔 가까운 호텔에 전화를 걸어 그곳에서 일하는 청소부 중에 추천해줄 사람이 있느냐고 물어보자. 단 호텔 직원에게 굳이 에어비앤비에 등록한 집을 관리해줄 사람을 구하고 있다는 이야기는 하지 않는다. 그저 파트타임으로 일해줄 사람을 찾고 있는데 가능하면 호텔에서 일하는 우수한 직원들을 면접해보고 싶다고 말하자. 꼽아놓았던 지인들과 면접에 온 사람들을 비교해보고, 현명한 선택을 내리면 된다.

체크아웃

체크아웃은 게스트들이 별다른 어려움 없이 할 수 있는 과정이다. 호스트가 굳이 직접 찾아가지 않아도 말이다. 그래서 나는 게스트들에게 ❶숙소를 잠그고 ❷열쇠를 우편함에 두라고만 말해놓는다. 그 열쇠는 청소 담당 아주머니가 숙소를 청소하러 오면서 챙긴다. 간단하고, 빠르고, 손쉬운 과정이다. 내게는 이런 방침이 익숙하지만 다른 호스트들에게는 가능하면 직접 체크아웃까지 관리할 것을 추천한다. 게스트들과 마지막 인사를 나누지 않는 것에는 몇 가지 단점이 있다.

첫째, 게스트들은 열쇠를 돌려놓는 것을 잊을 수도 있다. 내 경우에도 몇 차례 일어났던 일이다. 그때마다 게스트들은 열쇠를 우편으로 보내주었다. 열쇠를 돌려받을 수는 있었지만, 열쇠가 도착하는 데는 며칠이 소요되었다. 그 말은 새로운 게스트가 방문했을 때 그들에게 건넬 수 있는 열쇠 수가 그만큼 적어진다는 뜻이다.

둘째, 게스트가 떠나기 전에 혹시라도 집 안에 생긴 손상을 호스트가 즉각 알아낼 수가 없다. 그렇게 되면 문제가 발생했을 때 리포트를 작성해 보상을 요구하기가 더 어려워질 수 있다.

마지막으로, 게스트와 개인적으로 이야기 나눌 마지막 단 한 번의 기회를 호스트가 놓치게 된다는 점이다. 떠나는 게스트들과 이야기를 주고받는 것은 솔직한 피드백을 받을 수 있는 시간이다. 게다가 체류 중에 어떤 문제가 발생했다면 호스트가 직접 얼굴을 보고 진심으로 사과하고 즉시 문제를 고쳐놓겠다고 말할 수 있다. 그저 호스트가 진심으로 염려하고 있으며 문제를 해결하려는 열의가 있다는 사실을 전하는 것만으로 별점이 떨어지는 것이나 나쁜 후기를 막을 수 있다.

체크인과 체크아웃 시간

권장하는 것은 숙박업에서 기본으로 따르고 있는 오후 3시 체크인과 정오까지의 체크아웃 규칙이다. 쉽고 익숙한 규칙이면서, 게스트의 예상과도 일치한다는 장점이 있다. 게다가 그렇게 얻어지는 세 시간이라는 여유는 집을 깨끗이 다시 단장하기에 충분한 시간이다.

경험상 대부분의 게스트는 좀 더 이른 시간에 체크인할 수 있게 해달라고 하거나 체크아웃 시간을 연기해달라고 부탁하고, 혹은 두 가지 모두를 요구하기도 한다. 내 철학은 스케줄이 어그러지지 않는 한 최대한 게스트의 요구를 맞춰주자는 것이다. 그런데 가령 같은 날 새로운 게스트가 체크인해야 하는 일정인데 기존 게스트가 체크아웃 시간을 연기해주기를 원한다면, 나는 그 요청을 받아줄 수 없을 것이다. 숙소를 준비하려면 최소한 두 시간은 필요하기 때문이다. 나는 새 게스트가 도착했을 때 기준 이하의 상태로 숙소를 공개하는 위험을 감수할 의향이 없다. 이렇게 체크아웃을 연기해달라는 청을 들어줄 수 없을 때는 게스트들에게 남은 시간을 보내고 무료 와이파이를 사용할 수 있는 가까운 장소를 소개해준다. 또 필요할 경우 새 게스트가 아직 청소가 한창일 정오 무렵에 아파트에 도착해 짐만 입구에 내려놓는 것은 허락해주기도 한다.

CHAPTER 1 집 단장하기

Special Story

크리스의 이야기

나는 대형 화물선에서 근무하는 전문의였다. 직업상 대부분의 시간을 밖에서 보내야 해 캐나다 브리티시컬럼비아에 있는 방 네 개짜리 집을 연중 대부분 비워둘 수밖에 없었다.

흔히들 하듯이 직장 생활 초기부터 집을 세주고 있었다. 네 개의 방 중에서 세 개를 각각 별실로 내놓고, 각 방마다 월 600달러씩 받았다. 그런 구조에서 잠재로는 월 1800달러씩 꾸준히 벌어들일 수 있었지만, 방 세 개를 전부 세주는 일은 어려웠다. 두 명의 모르는 사람들과 같은 집에서 지낼 의향이 있는 사람을 찾는 것 자체가 난관이었기 때문이다. 결과적으로 대부분 내가 월마다 거둘 수 있던 수익은 대략 1200달러였다.

2013년 여름 나는 일대일 숙박업 시장에 대해 알게 되었다. 얼마간의 조사 끝에 에어비앤비에 계정을 만들기로 결정했다. 그렇게 해서 얻은 결과는 상상을 초월했다. 에어비앤비에 가입한 지 두 달째 되던 시기에 단 6일 임대로 거둬들일 수 있었던 수익이 무려 1800달러였다! 그때 이후로 수익은 고공행진이었다.

에어비앤비를 알기 전에 선택할 수 있는 유일한 옵션은 룸메이트와 함께 사는 것이라 생각했다. 직업상 자주 여행할 수밖에 없었던 까닭에, 룸메이트를 두지 않으면 집을 비워놓고 대출금 전부를 혼자서 부담해야 했기 때문이다.

그러나 단기 임대를 하면서 내 삶은 극적으로 달라졌다. 집을 떠나서 일할 때는 집을 임대하는데, 게스트들은 대부분 휴가를 즐기러 오는 사람이거나 가족, 비즈니스맨이다. 내가 집에 머물려 했던 시기에 한 그룹의 게스트들이 집을 빌리고 싶어 하면, 나는 그저 여행 계획을 조금 수정해 이국에서의 생활을 더 오래 즐기며 내 대출금이 갚아지고 있다는 것에 만족하고 있으면 된다.

단지 대출금 변제만 해결된 것은 아니다. 부가 수익 덕택에 그동안 내가 꿈꿔왔던 일을 하며 살고 있다. 매달 현금이 들어오고 70%가 넘는 예약률 덕분에 쏠쏠한 부가 소득이 생긴다는 점도 짚고 넘어가야겠다. 덕분에 나는 여행을 즐기고 내가 원하는 방식으로, 내가 원하는 곳에서, 내가 사랑하는 사람과 시간을 보낼 수 있는 자유가 생겼다.

단기 임대야 말로 도전해볼 만한 일이다. 시간을 들여 집에 좋은 평판을 쌓으면, 확신컨대 일반적인 임대 방식으로 벌었던 것보다 훨씬 더 많은 수익을 얻을 수 있을 것이다. 게다가 집주인은 에어비앤비 보증 하에 자신의 집을 어떤 손해로부터도 보호받을 수 있다. 자신이 원한다면 언제든 자신의 집을 스스로 이용할 수 있다는 점에 더해, 단기 임대야말로 가장 합리적인 부동산 운용 방식이 아닐까.

지난 해 12월, 연휴 기간 중 한 가족에게 집을 임대했다. 휴가철이라 수요가 높았기 때문에 그들이 머무는 기간 동안 임대료에 넉넉한 프리미엄을 요구할 수 있었다. 임대 기간 동안 나는 서부 캐나다로 가서 부모님을 방문했다. 부모님 댁에서 머무는 것은 무료였으므로 (식료품과 저녁 식사를 사드렸지만) 임대료 수익 대부분을 그대로 저축할 수 있었다. 부모님과 여유로운 시간을 보낸 뒤 멕시코로 가서 친구들과 해변에서 2주를 보냈다. 우리는 바다에서 수영하고, 헬스클럽에서 운동하고, 해변에 누워 볕을 쬐고, 파도를 타고, 지역 호프집에 들르는 것 외에 아무것도 하지 않았다. 연휴 기간 동안 집을 임대해 벌어들인 돈은 대출금을 갚았을 뿐 아니라 내 휴가비를 감당하고도 남는 수준이었다. 이는 내 환상적인 경험담 중 그저 하나일 뿐이다. 현재 나는 1년 중 절반만 일하고 나머지는 휴가를 즐기며 보낸다는 사실을 강조하고 싶다. 인생은 아름답다.

Chapter 2
마음을 사로잡을 수 있는 집 만들기

집이 위치한 도시가 관광객들로 북적대는 곳이라면 일단 멍석은 깔린 셈이다. 게다가 도시 한복판에서도 가장 유동 인구가 많고 고급스러운 곳에 위치한다면 더할 나위 없이 좋다. 누구나 살고 싶은 아파트, 완벽하게 정리한 개별 방에 최상급 시설이 비치되어 있다면 어떨까? 복권에라도 당첨된 듯한 뿌듯함이 몰려올 것이다. 단 등록한 집이 잠재 게스트의 마음을 사로잡지 못한다면 이 모든 것은 꿔다 놓은 보릿자루 신세가 될 것이다. 사소한 부분까지 완벽에 완벽을 기했다 해도 에어비앤비에 게재한 내용이 별 볼일 없으면, 단기 임대로 수익을 내겠다는 생각은 버리는 것이 낫다.

멋스럽게 표현한 집을 게재하는 작업은 문의 전화와 예약 신청을 쇄도하게 하는 데 필수사항이다. 한 번의 포스팅으로 자신의 이야기를 하고, 자신의 공간을 설명하며, 게스트들의 궁금증을 풀어줄 수 있기 때문이다. '나는 이런 사람이고 내가 제공할 수 있는 집의 수준은 이 정도'라는 것을 한 방에 어필할 수 있는 황금 같은 기회이기도 하다. 기업 컨설팅으로 유명한 닐슨 노만 그룹^{Nielson Norman Group}은 인터넷 사용자가 사이트 한곳에 머무는 시간이 10~20초라고 보고했다. 소설 책 한 장도 채 못 읽는 시간이다. 따라서 에어비앤비를 이용하는 평균 사용자가 게재된 집 한곳을 보는 시간이 5~10초만 넘어도 성공한 셈이다. 그렇다면 이 짧은 시간에 어떻게 하면 최대한의 정보를 보여줄 수 있을지 고민해야 한다.

숙소 유형 선택하기

집을 등록하기로 결심했다면 숙소 유형에 대해서도 결정해야 한다. 집 전체Entire Place가 될 수도 있고 개인실Private Room이나 다인실Shared Room의 형태도 가능하다.

집 전체는 집 전체를 임대하는 옵션이다. 호텔방에 투숙하는 것과 가장 유사한 형태이다. 개인실은 숙소 등록을 개인실로 하면 개별 방을 하나의 임대물로 등록하는 셈이다. 침실이 세 개인 아파트의 경우 개별 침실을 각각의 게스트에 동시에 임대할 수 있다. 단 공동 시설은 여러 게스트가 함께 사용해야 한다. 다인실은 여러 명의 여행객이 방 한 개를 공유하는 형태이다. 유스호스텔의 다인실과 유사하다. 특히 적은 돈으로 세계 여행을 하는 배낭객들에게 인기 있는 형태이기도 하다.

숙소 형태는 호스트의 개인 상황에 따라 정하면 된다. 이미 전세나 월세로 등록하는 편이 나을 것이다.

내 경우에는 내가 사는 아파트를 '집 전체'로 등록했는데 여력만 되면 이 옵션을 추천한다. 게스트 간의 마찰도 피할 수 있고 개인 손해 배상 문제가 발생해도 처리하기 용이하다.

어떤 사진을 올릴 것인가?

어떠한 것을 설명할 때 사진이나 그림만큼 명쾌한 수단은 없을 것이다. 초등학교 때부터 익히 듣고 공감해온 '백문이 불여일견'에 누구든 공감할 것이다. 인간은 매우 시각에 예민한 동물이다. 정밀한 시각에 의존해 세상을 바라보는 등 시각은 동물을 사냥하고, 역사를 기록하고, 기술을 창조하며 다른 인간을 이해하는 주요 수단이다. 무엇을 설명하건 '백문이 불여일견'인 것이다.

이러한 원칙을 염두에 두고, 사이트 방문자가 등록된 집의 정보 중 가장 먼저 보는 것이 사진이라는 점을 기억하라. 검색 입력 후 가장 먼저 보게 되는 것이 '제목'과 '프로필 사진'이고, 이는 조회수를 좌우하는 요소이기도 하다. 따라서 집을 사진 촬영할 때 최상의 모습이 나오도록 준비하자.

이때 에어비앤비에서 제공하는 **전문 포토 서비스**를 이용하는 것을 권한다. 특히 서비스 매장과 근거리라면 꼭 이용하라. 에어비앤비는 이 서비스를 이용하는 호스트의 경우 자체 촬영을 선택하는 호스트와 비교했을 때 2.5배 높은 수익을 올린다고 한다. 무엇보다 중요한 사실을 잊을 뻔 했다. 이 서비스는 무료이며, 전문 포토그래퍼가 촬영 콘셉트를 잡고 걸작을 만들어낸다.

촬영을 마치고 1~2주 후에 멋진 사진이 호스트의 등록란에 올라오는데, 이때 호스트는 사진에 설명을 첨가할 수 있다.

사진 촬영을 하기 전에 몇 가지 점검할 사항이 있다.

- 집 청소를 말끔히 한다.
- 쓰레기는 모두 치운다.
- 코드는 눈에 안 보이게 한다.
- 이불과 베개 커버는 최상의 깔끔함을 유지하도록 한다.

에어비앤비의 전문 촬영 서비스를 이용할 수 없어서 본인이 직접 촬영을 해야 하는 경우라면, 전문 포토그래퍼가 전하는 다음의 사항을 기억하라.

- 조명을 최적화한다.
- 가급적 자연 채광만 이용한다.
- 태양빛이 직접적으로 들어오지 않는 이른 아침이나 늦은 오후 시간을 택한다.
- 방마다 동일한 조명을 사용한다.
- 방의 디테일이 날렵하게 반영되도록 최대한 카메라 포커스를 조절한다.
- 삼각대를 사용하여 이미지의 선명도를 유지하되 노출 시간을 길게 해 불빛이 고르게 퍼지게 한다.
- 카메라를 바닥에서 1미터 정도 위에 놓고 렌즈가 위로 향하도록 해 화보를 촬영하는 듯한 분위기를 연출한다.
- 카메라 각도를 바꾸지 않고 일직선으로 촬영한다. 각도를 바꾸면 피사체들의 선이 왜곡될 수 있다.
- 가급적 광각렌즈는 사용하지 않는다.
- 플래시는 끈다.

▲ 실제 등록한 프로필 사진

내가 집 등록 시 사용한 프로필 사진이다. '프로필 사진'은 집을 세부적으로 잘 묘사하면서도 가장 잘 나온 사진이어야 한다. 집의 최대 장점을 보여주는 거실과 같은 공간 사진이면 된다.

▲ 사용 가능한 시설을 사진으로 소개하는 것이 좋다

프로필 사진 외에도 여러 사진을 통해 임대하는 모든 방과 사용 가능 물품/시설, 무료로 제공하는 숙소 용품을 소개한 후, 동네의 흥미로운 특장점을 반영한 사진도 몇 장 올린다. 이때 손님이 많은 카페, 근처 공원, 인기 많은 펍의 사진도 포함한다.

모든 사진에는 눈에 잘 띄는 색상으로 자세한 설명을 단다. 각 방의 장점을 살려 잠재 고객의 눈을 사로잡도록 하자.

프로필

집을 임대한다는 것은 집주인과 손님 간에 믿음과 존중이 필요한 개인적인 거래 유형이다. 집은 개인적인 공간과 영역에 대한 물리적 실체이다. 사생활이 깃든 세상으로 낯선 이를 들인다는 것은 암묵적 신뢰가 굳건해야 하는 믿음을 토대로 한다. 마찬가지로 낯선 이의 집에 발을 들이는 것도 어색함과 불편함을 동반하기 마련이다. 인간은 습관의 동물인지라 친숙함은 편안함을 이끈다.

  손님에게 편안함을 느끼게 하려면 잠재 고객들에게 개인적으로 자신의 정보를 제공해야 한다. 프로필은 자신의 개성을 나타내고 손님과 가상의 유대감을 형성할 수 있는 기회이다. 프로필은 손님의 불안을 잠재우고 공간을 적극적으로 홍보할 수 있는 열쇠이다.

  집주인은 프로필에 모든 세부 사항을 기입한다. 직업, 취미, 음악과 영화에 대한 취향을 설명한다. 어느 정보가 고객의 눈을 사로잡을 것인지 알 수 없기 때문에, 최대한 세부적으로 꼼꼼하게 작성한다.

  마지막으로 자신에 대한 짧은 30초 길이의 동영상을 촬영하여 에어비앤비에 등록할 수 있다. 동영상을 클릭하지 않을 수도 있지만, 시간을 들여 동영상을 촬영할 것을 권한다. 게스트가 주인의 성격을 라이브와 컬러 화면으로 한눈에 확인할 수 있기 때문이다.

개인 사진

개인 사진을 올릴 때는 기왕이면 잘 나온 사진으로 한다. 잘 나온 사진은 다음의 기준으로 판단할 수 있다.

- 선명하고 고해상도로 나온 사진
- 미소를 짓는 표정
- 얼굴과 눈을 가리지 않는 사진
- 머리를 단정하게 빗은 모습
- 세미 정장의 옷을 입은 모습

당연한 사항을 굳이 나열했다고 생각한다면 적합한 개인 사진에 관한 한 문제가 없는 것이다. 그러나 안타깝게도 이처럼 기본적인 기준을 지키지 못하는 프로필 사진이 얼마나 많은지 모른다. 가려진 얼굴, 황당하고 부적절한 의상, 음산해 보이는 표정을 찍은 사진을 여럿 봤다. 집주인 자신의 얼굴을 공개하는 것인 만큼 제대로 나온 사진을 올리자.

자신만의
에어비앤비 심볼 만들기

에어비앤비에서는 기억에 남을 만한 경험을 선사하고자 집주인이 자신의 집 브랜드를 나타낼 수 있는 자체 심볼 제작 기회를 제공 create.airbnb.com 한다. 창의력을 발휘하여 본인을 재미있게 표현해보도록 하자. 이는 게스트가 집주인과 집에 대해 이해하도록 도와주는 수단이기도 하다.

▲ 크리에이트 에어비앤비

에어비앤비 홈페이지에서는 집주인이 색상을 조절하고 디자인을 변경하며 이미지를 추가하여 손쉽게 심볼을 만들 수 있는 편집 툴을 제공한다.

제목과 부연설명

제목과 부연 설명을 정하기 전에 어떤 게스트를 주요 고객으로 삼을 것인지 잠시 생각해보자. 자신의 집, 그리고 집이 위치한 동네를 고려하여 어떠한 유형의 사람들이 필요할 것인지 가늠해본다. 근처에 몇몇 공원이 있는 조용한 동네라면 가족 단위나 중년 게스트에게 어필할 수 있다. 유흥 시설이 즐비한 시내와 가까운 시끌벅적하고 세련된 곳에 위치한다면 주말 동안 놀러온 게스트나 파티를 즐기는 젊은 전문직의 시선을 사로잡을 것이다. 또 탁 트인 조망권이 확보된 로맨틱하고 안락한 느낌의 집이라면 후끈 달아오른 연인들에게 인기 있을 것이다.

  핵심은 특정 대상을 공략하여 홍보 전략을 세우는 것이다. 모든 게스트를 공략하는 전략은 결국 실질적으로 어느 누구도 공략하지 못할 가능성이 높다. 내 아파트의 경우 두 개의 침실이 공동 시설과 계단을 사이에 두고 마주하고 있다. 이렇게 중간의 구분점이 있어서 각 침실의 프라이버시를 보장해주기 때문에 함께 여행하는 두 쌍의 커플이 침실을 하나씩 쓰기에 적합하다. 그래서 집을 등록할 때 제목으로 '커플들을 위한 완벽한 집 – 철저히 독립된 침실 2개 Spacious 2-bdr, perfect for couples'를 피력한다.

제목을 통해 집주인이 선호하는 유형의 게스트를 지목할 수도 있다. 노년층의 부부를 겨냥하고 싶다면 '커플들을 위한 조용한 쉼터'로 할 수 있다.

개성 있는 제목 달기

시판되는 모든 제품에는 이름, 즉 제목이 붙는다. 애플이 출시한 혁신적인 휴대전화는 '아이폰'으로 지어졌다. 암에 걸려 죽어가는 고등학교 화학 교사에 관한 금세기 최고의 미국 드라마 제목은 〈브레이킹 배드(Breaking Bad, '막나가는 행동'이라는 의미)〉였다. 전 세계 수십억 명의 입맛을 사로잡은 버거의 대명사인 '빅맥'도 히트 상품에는 감칠맛 나는 이름이 붙여진다는 진리를 입증해준다. 상품의 내용도 중요하지만, 똑 부러지는 적합한 제품의 이름은 고객의 선택을 받을 것인지, 버림을 받을 것인지를 좌우한다.

제목은 즉각 이해할 수 있는 솔깃한 것으로 하되 특정층을 겨냥해야 하며, 클릭을 부르는 제목, 등록물에 대한 호기심을 자극하는 제목이어야 한다. 생생한 묘사와 더불어 '완벽한 위치', '럭셔리한', '환상적인 시설 제공'과 같은 미사여구를 사용할 것을 권한다. 숙소의 가장 큰 장점을 부각하는 제목을 사용하도록 한다.

제목을 정할 때는 두 가지 목표를 염두에 둔다. ❶보는 이의 시선을 사로잡을 것과 ❷숙소에 관한 핵심 정보를 제공하는 것이다. 도시명이나 특정 지역명을 삽입하는 제목이 많은데, 도시와 지역명은 이미 검색 결과에 명확하게 나타나기 때문에 굳이 제목에 넣을 필요는 없다.

다음은 다양한 도시에 위치한 여러 숙소 제목의 바른 예이다. 해당 지역에서 거래 건수가 가장 높은 숙소들이기도 하다.

타이틀	도시
고급스러운 해변가 원룸, 수영장 있음	로스앤젤레스
고급 건물의 아름다운 원룸	뉴욕
호수 옆의 예술적 감각이 돋보이는 원룸	시카고
사용가능 물품/시설이 완벽 구비된 도심 아파트/주차 가능	밴쿠버
예술 애호가들을 위한 끝내주는 로큰롤 아파트!	토론토
에펠탑 부근의 럭셔리하고 조용한 숙소	파리
빅 벤 근처의 시크하고 안락한 아파트	런던
도심의 8인용 침실 세 개/와이파이 가능	마드리드
도시 중심의 '보헤미안 아파트'	로마
다뉴브 강 부근의 디럭스 디자인을 자랑하는 아파트	부다페스트
널찍하고 모던한 아파트와 환상의 조망권	흐바르 섬
해변과 한 블록 떨어진 럭셔리 아파트의 침실 두 개	리우데자네이루
부에노스아이레스의 정취를 느낄 수 있는 최상의 장소	부에노스아이레스
우아한 펜트하우스 – 훌륭한 자연경관 조망	메데인
아름다운 조망의 고층 아파트	산티아고
풀 빌라를 갖춘 고급 침실 두 개 – 훌륭한 조망	발리
걸어서 롯폰기를 갈 수 있는 위치, 와이파이 가능	도쿄
완벽한 프라이버시가 보장되는 허니문 빌라	푸켓
세련된 프랑스식 단독 주택 침실 한 개+자전거&VPN	상하이

수익을 올리고 고객의 수요를 높이기 위해 시즌별로 제목을 변경해볼 수 있다. 게스트는 여행 한두 달 전에 예약을 하기 때문에 투숙 시기에 열리는 주요 행사에 맞게 제목을 일시적으로 변경할 수 있다. 지역에서 가장 많은 이들이 찾는 행사나 시즌에 대해 알아보자.

암스테르담의 '킹스 데이 Kings Day'일 경우를 보자. 국왕의 생일을 축하하는 '킹스 데이 King's Day'는 모르는 이들은 별 감흥이 없겠지만 유럽과 미주 지역에서 관광객 인파를 불러 모으는 유명한 행사이다. 행사 몇 주 전에 숙소가 아직 예약이 되지 않았다면, 다음의 제목으로 잠시 바꿔서 등록하는 것은 어떨까?

- 킹스 데이를 위한 완벽한 장소
- 킹스 데이를 축하하는 최적의 중심지
- 킹스 데이를 위한 럭셔리 침실 두 개

이번에는 리우데자네이루의 '카니발' 축제가 있다고 해보자. 브라질의 카니발 축제는 지상 최대의 현란한 축제 중 하나로 알려져 있다. 멈추지 않는 흥겨운 축제 분위기를 즐기고자 리우데자네이루에 구름떼같이 모이는 이들을 겨냥하여 다음의 제목을 제안한다.

- 럭셔리한 카니발 축제를 위한 침실 두 개
- 발코니에서 카니발 축제를 감상하세요.
- 카니발을 즐기는 최상의 장소

숙소 설명하기

멋진 사진과 제목으로 잠재 고객의 마음을 사로잡았다면, 최종적으로 예약을 결정하는 관건은 숙소에 대한 설명일 것이다. 화려한 미사여구로 집, 사용가능 물품/시설, 지역 주변 정보에 대해 소개할 기회이다. 온갖 상상력을 발휘하여 잠재 고객이 궁금하게 여길 만한 질문이나 우려 사항을 떠올리며 최대한 답변을 제공한다는 마음으로 임하자.

반드시 설명에 들어가야 할 내용은 다음과 같다.

- 집의 크기(평)
- 화장실 개수
- 엘리베이터 유무
- 슈퍼마켓의 근접성
- 침실 개수
- 숙소의 층(1층, 꼭대기 층 등)
- 대중교통의 근접성
- 주차장 사용 가능 여부

최대한 도움이 될 만한 정보는 모두 제공한다. 침대의 크기, 부엌에 구비된 용품, 화장실의 욕조 혹은 샤워 부스 유무 등을 알려준다. 등록물의 '제목'이 전공과목을 기입한 '학위수여증명서'라면, 숙소에 대한 설명은 '박사학위'인 셈이다. 담을 수 있는 최대한의 정보를 심도 있게 기술하자.

마지막으로 숙소와 제공하는 사용가능 물품/시설에 대한 설명을 할 때는 읽는 사람의 감성에 다가가는 미사여구를 사용하도록 한다. 나열 방식으로 무미건조하게 가구나 물건에 대해 설명하는 대신 최대한 화려한 단어와 표현을 사용해보자.

나쁜 예	좋은 예
숙소에 발코니가 있습니다.	관광으로 멋진 하루를 보낸 후, 발코니에서 오후의 석양을 감상하고 시원한 음료를 즐기며 그날의 소중한 순간을 음미할 수 있습니다.
아파트에는 침실 한 개, 화장실 한 개, 주방 용품과 조리 도구가 구비된 부엌이 있습니다.	티끌 하나 없이 깨끗한 아파트의 깔끔한 인테리어를 갖춘 숙소입니다. 안락한 침실, 조명이 잘 갖춰진 큰 화장실, 시크한 거실, 요리 초보라도 맛있는 식사를 요리할 수 있는 모든 것을 갖춘 부엌이 마련되어 있습니다.
이 아파트는 제가 이전에 살던 곳인데 이번에 새롭게 단장했어요. 가전 제품도 새로 구비하고 전체적으로 가구도 새로 들여놨습니다.	이 아파트는 제가 이 전에 살던 곳이어서 밋밋하거나 썰렁한 분위기가 전혀 없는 엄선된 인테리어와 고품격 가구, 가전제품을 구비한 집입니다. 조용하고 한적한 분위기에서 런던에서의 특별한 추억을 만들 수 있어요.
야외에서 바비큐를 할 수 있는 데크, 의자, 그릴이 구비되어 있고, 인공잔디도 깔려 있습니다.	부엌 뒷문으로 프랑스풍의 문을 통해 아파트를 나가면, 번잡한 도시의 조용한 오아시스가 기다리고 있습니다. 여러 사람이 앉기에 충분한 의자와 인공잔디가 깔려 있는 마감처리가 완벽한 데크가 있어 더운 여름 날 밤 바비큐 파티를 하기엔 최적의 장소입니다.

물론 집의 특장점을 최대한 부각해야 하는 것은 맞지만, 정확하고 현실적으로 설명하자. 지킬 수 없는 약속은 하지 않아야 한다.

▲ 에어비앤비 별점 리뷰

숙소에 대한 설명이 사실과 다르지 않은 범위에서 등록되었다는 사실을 보장하기 위해 에어비앤비는 '정확성accuracy'이라는 평가가 있다. 과장이 심해 오해의 소지를 낳는 경우 숙소의 정확도 평가에 큰 타격이 가해질 것이다.

차라리 과장과 거품을 과감히 드러내고 기대 이상의 만족을 제공하는 편이 낫다. 처음에는 예약 건이 많지 않을 수도 있지만, 정확성에 관한 후기 점수가 높으면 숙소의 명성을 쌓기가 수월해지고, 장기적인 투자 수익을 올리기도 용이해진다.

숙소의 인터넷 연결 속도가 꽤 높다고 해도 '초고속'으로 표기하지 말자. 그럴 경우 업무상의 목적으로 초고속 인터넷이 실제로 '필요한' 사람들이 예약을 할 것이고, 생각만큼 속도가 높지 않을 경우 난감해할 것이다. 그렇다면 후기는 어떻겠는가? 화가 난 게스트는 '정확성' 평가 점수를 형편없게 줄 뿐만 아니라 다른 평가 항목에서도 낮은 점수를 줄 것이다. 이 정도면 집주인도 감내할 순 있겠지만, 초고속 인터넷 연결이 너무 중요했던 게스트는 투숙 기간을 다 채우지 않고 나와서 총액을 환불해줘야 할 수도 있다.

마지막으로 현대사회에는 단문 형태의 텍스트가 비일비재하게 사용된다는 점을 기억하라. 사람들은 짧고 쉽게 이해할 수 있는 정보를 빠르게 받고자 한다. 따라서 가장 적절한 정보를 세부 설명 앞에 넣도록 한다. 자세한 내용은 충분히 시간을 두고 꼼꼼하게 기록하되, 인내심이 부족한 독자는 설명의 첫 3분의 1만 대충 훑고 지나간다는 사실을 기억하라. 어느 유형의 독자가 게스트가 될지 모르므로 가장 중요한 정보가 가장 상단에 놓이도록 배열하자.

숙소이용 규칙

게스트가 숙소를 사용할 때 에티켓을 갖추고 대하는가에 따라 호스트의 희비가 엇갈린다. 숙소를 적절히 사용하고 호스트의 요구에 맞게 사용하도록 정해놓은 것이 '숙소이용 규칙'이다.

뻔하고 일반적인 이용 수칙이라고 생각하면 오산이다. 숙소이용 규칙은 게스트가 인지해야 하는 주변 지역이나 건물 이용 규칙을 포함하고 있다. 예를 들어 옆집 이웃이 밤 11시 이후 음악 소리가 나오지 않도록 요구했다면 이 사항도 포함한다. 발코니에서 금연인 건물일 경우에도 이를 언급한다. 게스트가 준수해야 하는 규칙을 정확하게 기입하여 호스트와 게스트 모두 만족스러운 경험이 되도록 해야 한다.

최소 및 최대 숙박일

에어비앤비는 잠재 게스트가 최소 및 최대 숙박일을 정할 수 있도록 했다. 이용률이 높은 숙소들은 2~3일을 최소 숙박일로 정한다. 이윤을 최대화하고 번거로움을 줄이기 위함이다.

처음 이 사업을 시작하여 후기가 별로 없는 호스트라면 최소 숙박일을 1일로 정할 것을 권한다. 이유는 간단하다. 찬밥 더운 밥 가릴 신세가 아니지 않은가. 자신의 숙소 브랜드를 구축하기 위해 처음부터 문을 활짝 열어두도록 한다. 초기의 목표는 좋은 후기가 최대한 많이 올라가고 높은 평가 점수를 기록하여 순위를 올리는 것이다.

한편 초보 호스트들은 최대 숙박일을 일주일로 정할 것을 권한다. 임대의 물살이 끊이지 않도록 하고 충분한 투숙일을 제공할 수 있기 때문이다. 경험이 많은 호스트라도 최대 숙박일을 늘리지 않는 편이 낫다. 게스트가 2주에서 한 달 간 예약한다면 짧게 머무는 경우에 비해 1일 이용료가 낮아져야 한다. 따라서 최대 숙박일이 너무 길지 않도록 조정하여 이용료 할인을 막도록 한다. 장기 체류 희망자 사이에서 인기가 높은 집들이 있는데, 이 경우 이용료가 대폭 낮다는 공통점이 있다.

취소 정책

에어비앤비는 취소 정책의 옵션 여섯 가지를 제안한다. '유연', '보통', '엄격', '매우 엄격 30일', '매우 엄격 60일', '장기 숙박'이 그것이다.

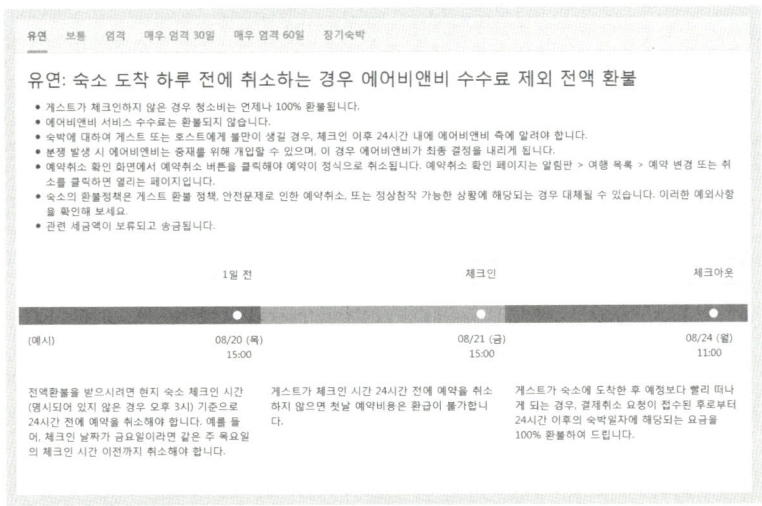

▲ 유연한 정책 항목

첫째, 유연한 정책이다. 게스트는 도착 하루 전날 전액을 환불받을 수 있다. 이 경우 게스트는 수요일이 체크인 날짜라면 같은 주 화요일의 체크인 시간 전까지 취소해야 한다.

CHAPTER 2 마음을 사로잡을 수 있는 집 만들기

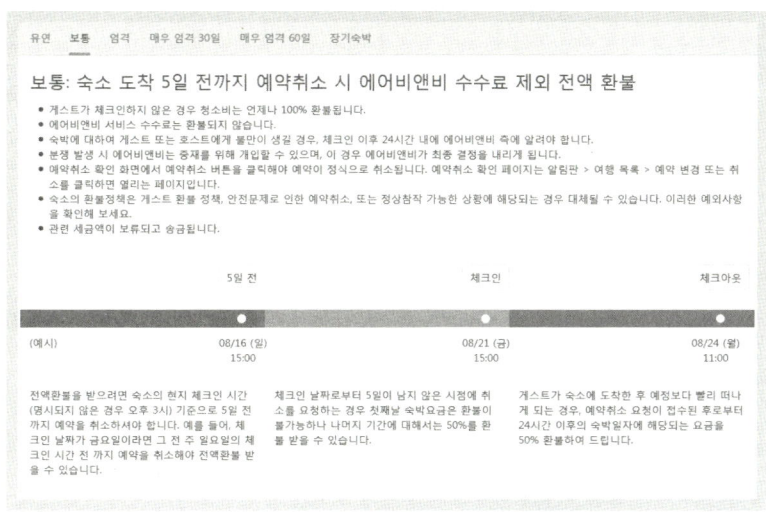

▲ 보통 정책 항목

둘째, 보통 정책이다. 게스트는 도착으로부터 5일 전에 예약을 취소하면 전액을 환불받을 수 있다.

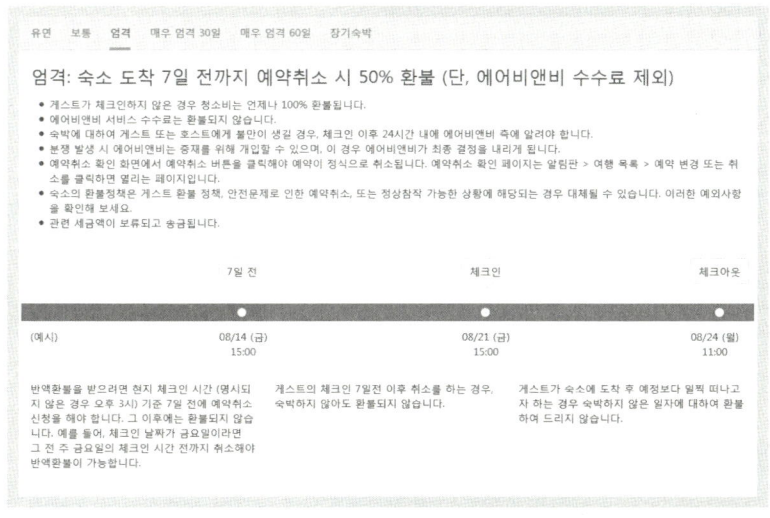

▲ 엄격한 정책 항목

셋째, 엄격한 정책이다. 게스트는 도착으로부터 일주일 전까지 예약을 취소하면 50%를 환불받을 수 있다.

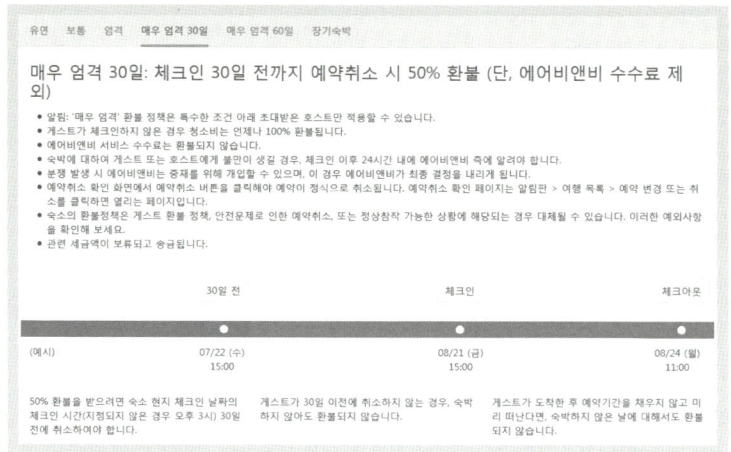

▲ 매우 엄격한 정책 항목

넷째, 매우 엄격한 30일 정책이다. 게스트는 체크인 30일 전까지 예약을 취소하면 50%를 환불받을 수 있다.

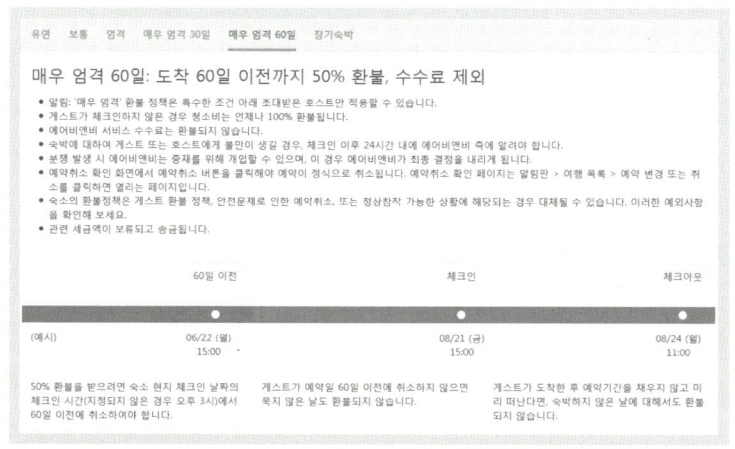

▲ 매우 엄격한 정책 항목

다섯째, 매우 엄격한 60일 정책이다. 게스트는 도착으로부터 60일 전까지 예약을 취소하면 50%를 환불받을 수 있다.

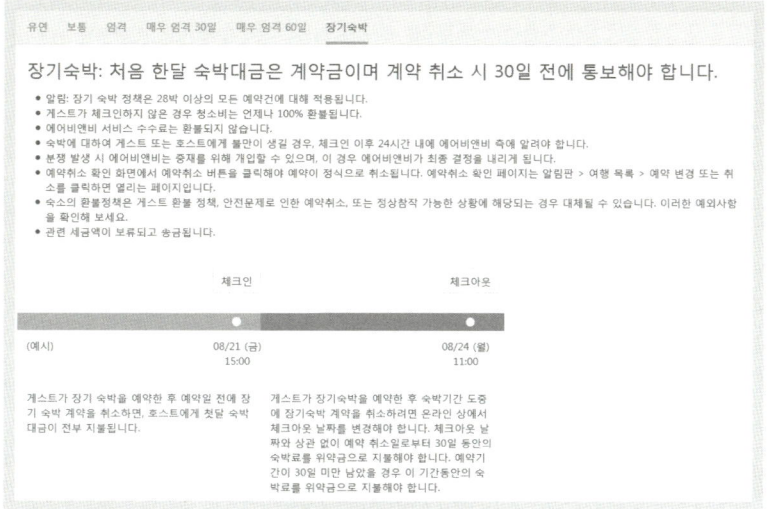

▲ 장기숙박 정책 항목

여섯째, 장기숙박에 관한 정책이다. 1개월에 달하는 보증금을 지불하고, 임대 계약 해지를 희망하는 경우 30일 이전에 통지해야 한다.

에어비앤비를 처음 접한 이들에게는 유연한 정책을 권장한다. 소비자가 예약하기에 가장 쉽고 간단한 방법을 제안하며, 후기가 많이 없는 집도 선택하도록 유도한다. 예약 실적이 저조한 초보 호스트의 입장에서는 마지막 순간의 예약 취소가 그다지 치명적이진 않을 것이다.

단 취소로 인한 기회비용이 훨씬 큰 인기 숙소 호스트들에겐 골칫거리가 될 수 있다. 호스팅이 어느 정도 자리를 잡아서 이용률 80%를 상회하는 경우, '보통' 정책으로 전환할 수 있다. 이는 안정적인 평판을 얻은 단계가 됐을 경우이다. 이 정도 단계가 되면 까다로운 고객의 요구가 지나치다고 판단되면 호스트가 직접 예약을 취소할 수 있으며, 이로 인해 큰 타격을 받지 않는다. 그러나 아직 이용률이 100%가 아니기 때문에 취소 건이 총 수익에 타격을 줄 수 있다는 사실을 기억하라. 보통 정책으로 전환할지 여부가 확실하지 않다면 지난 3개월간의 취소 현황을 살피자. 취소율이 20% 정도 되는 경우에는 보통 정책으로 전환해도 무방하다.

'엄격', '매우 엄격(30일, 60일)', '장기숙박' 정책은 권장하지 않는 편이다(정부의 규제나 건물 정책의 보증을 받는 상황은 제외). 이는 고객 입장에서 다소 불쾌할 수도 있는 정책이다. 실제 호텔에서도 이처럼 엄격한 규제를 한다는 이야기는 못 들어봤을 것이다. 서비스업의 기준과는 거리가 한참 멀다. 장기 임대에 관심이 있는 이들은 부동산 사이트를 방문할 것을 권장한다.

맞춤식 가이드북 만들기

가이드북은 집주인의 손길과 개성을 발휘할 수 있는 기회로 다음의 사항을 전달할 수 있다. ❶ 전자제품이 놓인 위치, ❷ 이웃의 요구 사항, ❸ 해당 지역에서 오후에 할 만한 야외 활동, ❹ 밤에 갈 만한 추천 장소 등이다. 여느 유명 호텔도 부럽지 않게 제대로 된 PR을 할 수 있는 기회이기도 하다. 물론 국제적으로 유명한 5성급 호텔에는 훌륭한 전문 컨시어지 서비스가 구비되어 있지만, 컨시어지 직원들은 친절이 안내는 하되, 주로 제휴된 식당이나 호프집을 제안한다. 하지만 에어비앤비 호스트들은 이들과 달리 진정성을 갖고 맛집이나 술집을 추천해준다. 게스트는 호스트가 독립된 개체라고 판단하기 때문에 호스트의 조언에 상술이나 이해관계가 없다는 점에 안심할 것이다.

예약 신청이 접수된 후에는 가이드북을 만들어 두 부 복사하여 거실에 둔다. 전문적으로 보일수록 좋다. 색깔을 넣거나 특별 바인더에 넣어도 좋지만, 가이드북 종이가 쉽게 마모되는 편이라 자주 바꿔줘야 한다.

가이드북은 기본적으로 다음의 부분으로 구성되어 있다.

- 숙소에 관한 정보
- 주변 지역에 관한 정보
- 기타 실용적인 정보

장소를 불문하고 현지인의 조언만큼 유용한 것도 없다. 여행객은 현지에서 나고 자란 주민의 조언 하나 하나를 소중히 받아들인다. 따라서 가이드북을 최대한 활용하여 정보를 전달하라. 게스트가 유용하게 사용할 뿐 아니라, 호의적인 후기를 얻기도 쉬워진다.

숙소에 관한 정보

이 부분에서는 숙소의 기본 배치도를 설명한다. 여기에서 전자제품 작동 방식에 대한 설명을 포함하는 것도 좋다. 기기 사용에 무리가 없을 것이라고 단정하지 않도록 한다. 낯선 믹서를 처음 사용하는 경우 설명서가 없으면 헤맬 수 있으므로, 가이드북에서는 다음에 대한 설명을 반드시 포함시킨다.

- **전기** 전기 콘센트와 차단기의 위치를 설명한다.
- **TV** 리모컨 사용법, 코드의 위치, DVD 플레이어 작동법을 설명하고, 시청 가능한 채널 리스트를 제공한다.
- **히터** 온도계 위치와 작동 방법을 설명한다.
- **열쇠** 다양한 열쇠 사용법에 대해 간략하게 설명한다.
- **샤워** 샤워기 및 욕조 사용법을 설명한다.
- **부엌 및 요리** 모든 주요 주방 전자제품 사용법을 설명한다(가스레인지, 전자레인지, 토스터, 식기세척기 등). 주방 기구와 식재료의 위치를 보여준다.

- **쓰레기** 쓰레기통의 위치, 여분의 쓰레기봉투 위치, 음식물 쓰레기 수거 위치를 보여준다.
- **빨래** 세탁기 혹은 가까운 빨래방의 위치, 작동 방법, 세제와 섬유린스 위치를 보여준다.
- **흡연** 가능 여부를 명시한다('금연', '발코니에서만 흡연 가능' 등).
- **소음** 일반적인 소음 가이드라인을 제공한다(밤 10시 이후에는 시끄러운 음악은 금지, 밤 11시 이후에는 대화를 조용히 한다 등).
- **파티** 파티를 하거나 외부 게스트를 들여도 되는지 여부를 명시한다.
- **주차** 차를 운전해서 온 게스트들을 위한 주차장을 설명한다.
- **체크아웃용 체크리스트** 열쇠 반납 후 나가기 전 체크할 물품 리스트를 제공한다(가스와 불은 끄며, 문은 잠근다 등).

주변 지역에 관한 정보

이 부분에서는 현지인으로서 주변 지역에 대한 생생한 정보를 제공할 수 있다. 호스트가 수년에 걸쳐 다녀본 여러 호프집, 식당, 카페를 소개하면 된다. 자신이 동네에 대한 전문가라는 점을 기억하라. 전문가라는 자부심을 갖고 지식에 목말라 하는 게스트에게 동네에 대한 소중한 정보를 제공하라.

혀를 내두를 만한 최고의 서비스를 제공하기로 했다면, 맛집과 갈 만한 곳에 대한 명단을 작성하고, ❶사진, ❷주소와 지도에 대한 이미지 캡처본, ❸(식당인 경우)메뉴 링크, ❹방문하기에 최적인 날이나 시간대를 표시한다.

이 부분에서는 다음 항목을 포함한다.

- 식당
- 콜택시 번호
- 유명 상가 및 상점
- 약국
- 호프집과 나이트클럽
- 대중교통 위치
- 근처 슈퍼마켓
- 관광지

기타 실용적인 정보

이 부분에서는 한마디로 위에서 언급하지 못한 온갖 정보를 넣으면 된다. 유용하다 싶은 정보를 하나씩 나열하면 된다. ❶비상사태 시 행동 요령, ❷병원에 관한 정보, ❸숙소 관련 문제 발생 시 비상연락망, ❹야식 배달 방법 등이다.

CHAPTER 2 마음을 사로잡을 수 있는 집 만들기

에어비앤비 가이드북 제작하기

에어비앤비는 에어비앤비의 양식에 맞게 가이드북을 제작하도록 지원하는데, 우측 상단의 본인 이름을 클릭한 뒤 '숙소 목록>숙소와 달력 관리>가이드북' 페이지에서 이 옵션을 찾을 수 있다.

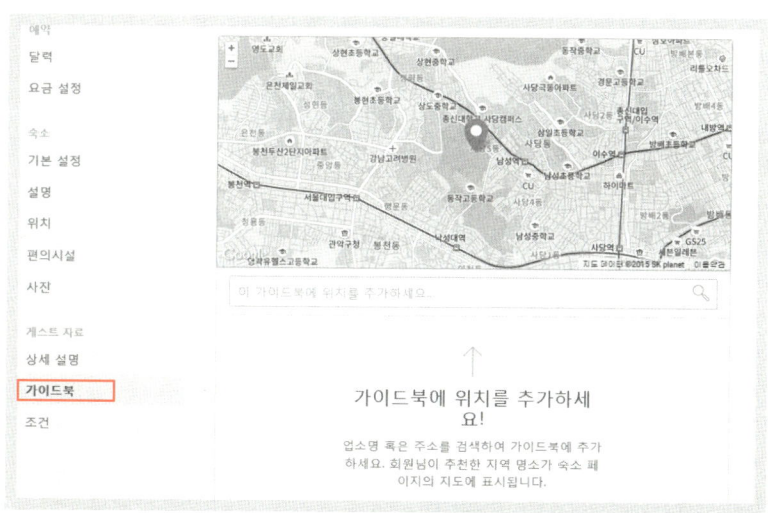

▲ 게스트에게 주변 지역 명소를 추천할 수 있는 가이드북

이 페이지는 게스트에게 추천할 사항을 편리하게 추천해준다. 잠재 게스트의 관심을 모을 만한 카페, 식당, 관광지 등을 포함한다. 제작이 완료되면 화면의 하단에서 가이드북을 읽어볼 수 있다.

Special Story

마이클의 이야기

　나는 지난 몇 년 동안 샌프란시스코의 유수의 기술 전문 회사에서 일했다. 숨 가쁜 삶을 살던 나는 일주일에 무려 80시간을 근무하는 경우가 빈번했다.

　내 직업에서 그나마 좋은 점은 해외 출장이 자주 있다는 것인데, 매달 거의 2주를 해외에서 보낸다. 새로운 곳을 방문하는 즐거움도 있지만, 한 달에 절반밖에 이용하지 않는 아파트 월세를 2650달러나 지불한다는 생각을 하면 억울함이 밀려왔다. 그래서 여러 친구, 에어비앤비에 만족한 고객들과 대화한 후 호스팅을 해보기로 결심했다. 다행히 지금껏 단 한 번도 불미스러운 경험은 없었다. 게다가 중요한 건 매달 월세의 상당 부분을 호스팅에서 발생한 수익으로 충당한다는 점이다. 주말에도 호스팅을 통해 항공료를 건질 수 있다고 생각하며 해외로 나가기도 했다.

　처음에는 하루에 150달러를 이용료로 받았지만 얼마 지나지 않아 200달러로 인상했다. 여전히 수요가 높은 편이라 하루에 250달러까지 올릴 생각이다.

　내 경험으로는 에어비앤비는 이용하기가 매우 간단하고, 직관적이며, 쉽다. 내 숙소에 대한 질문에 답하던 내용을 모아 내 프로필에 사용하기도 했다. 잠재 게스트를 필터링해서 볼 수 있는 수많은 맞춤식 옵션이 있기 때문에 위험은 최소화하되 이윤은 극대화할 수 있다. 심지어 전문 사진사들도 파견하여 우리 집을 촬영해주었다. 이보다 더 쉬울 수 없고, 이보다 더 만족스러울 수 없었다.

Chapter 3

가격
책정하기

어떠한 사업이든 끝내주는 제품을 만드는 것이 성공의 기본이다. 그리고 그다음 단계는 마케팅이다. 성공적인 마케팅의 관건은 ❶제품의 우수함을 피력하고 ❷최대한 많은 잠재 소비자에게 제품을 선보이는 것이다. 그렇다면 제품 생산과 마케팅의 중간 단계에서는 무엇에 대해 신중하게 고민해야 하는가? 바로 **제품의 가격 설정**이다.

가격의 문제는 생각보다 복잡해서 똑똑하다는 사람들도 가격 설정으로 골머리를 앓는다. 이에 경제학자들이 정해놓은 몇 가지 기본적인 가격 설정 전략을 사용할 수 있겠다. 먼저 비용을 기반으로 가격을 설정하는 개념이다(즉 '총수익마진의 목표치'를 설정한다). 특정 기기의 평균 비용이 3달러라고 할 경우, 판매가를 3.30달러로 설정하는 것은 전혀 문제없어 보인다. 기기 한 대의 매출에 대해 10%의 순익을 남기는 셈이다. 나름대로 합리적인 설정으로 보일 수 있겠지만, 경쟁 제품의 가격과 비교한 후 설정하는 방법도 있다('경쟁자 기반 가격 정책'). 이 방식도 타당하다. 한편 소비자의 최대 지불 의향 가격에 맞춰 가격을 설정할 수도 있다 ('시장 원리에 따른 가격'). 이 방법도 합리적이다. 그렇다면 어떠한 방식을 취하면 좋을까? 비용과 비교 제품은 어떻게 설정하고, 제품 지불 의향 가격은 어떻게 파악할 것인가?

제품 및 산업별로 해결책이 다르기 때문에 쉽게 답할 수 없는 질문들이다. 에어비앤비의 임대 사업도 마찬가지다. 등록물에 대한 최적의 가격 설정은 집의 상대적 럭셔리함, 위치, 집의 전반적인 소구점에 의해 좌우될 것이다. 최상의 가격 설정 방법을 찾기란 여러 가지 고민과 실험이 필요한 어려운 작업이다.

적절한 가격을 선택하는 작업이 어렵긴 해도 다음의 조언을 염두에 두면 최대한 시간을 절약하며 최적의 가격을 선택할 수 있을 것이다.

CHAPTER 3 가격 책정하기

최적의 가격 설정 전략 찾아보기

최적의 가격 설정 전략을 찾다 보면 '산 넘어 산'이라는 생각이 들 것이다. 수학 공식으로 명확히 알 수 있는 것도 아니다. 관련된 각종 정보와 기준을 현실에 맞게 분석하는 과정에는 수많은 예측 불가능한 변수가 많다. 그렇다고 깊은 한숨을 내쉬진 않아도 된다. 이 장에서는 시행착오를 최소화하는 실전 팁을 최대한 효과적이고 효율적으로 전달하고자 한다.

집에 대한 최적의 가격점을 설정하기 전까지 도움이 될 만한 경제적 논리의 틀을 마련해보았다. 더불어 배움의 약이 되는 '시행착오'를 염두에 두면 궁극적으로 견고한 가격 설정 전략을 손에 넣을 수 있을 것이다.

단계별로 짚어보자. '최적의 가격 설정 전략'은 무엇인가? 다시 말해 **장기적으로 순익을 최대화**할 수 있는 가격 설정 전략은 무엇인가? 경제학을 전공하지 않아도 쉽게 이해할 수 있는 개념일 것이다. 쉽게 말해 어떻게 하면 돈을 가장 많이 벌 것인가?

이에 앞서 기본적인 순익 계산 공식부터 생각해보자. 순익의 정의는 다음과 같다.

순익＝수익-총 비용

수익은 에어비앤비가 게스트를 대신하여 호스트에 지불하는 금액이다. **총 비용**은 호스트가 자신의 등록물, 즉 집에 지출하는 금액이다. 총 비용은 ❶고정 비용과 ❷변동 비용으로 나뉜다.

총 비용＝고정비＋변동비

고정비는 집이 임대된 총 일자에 좌우되지 않고, 예약 수나 게스트 수와 무관하게 지출되는 비용이다. 고정비에는 ❶모기지 비용, ❷부동산세, ❸월세, ❹유지비, ❺관리비, ❻TV/인터넷 이용료 등이 포함된다.

변동비는 이용에 비례하여 발생하는 지출액이다. 게스트 수가 늘어날수록 변동비도 증가한다. ❶전기료, ❷가스비, ❸수도세, ❹유지관리비가 포함된다. 유지관리비에는 호스팅에 들어가는 부대 비용이 포함된다. 청소비, 체크인 및 체크아웃 관리비, 호스팅을 위해 필요한 물품 구매 비용을 들 수 있다. 해당 업무를 제3자에 부탁하면 인건비가 소요되지만 호스트가 직접 관리한다면 자신의 기회비용에 따라 비용을 산출할 수 있다(즉 해당 시간에 다른 일을 하는 경우 벌 수 있는 금액을 생각해본다). 청소비를 게스트가 지불하게 하는 경우 호스트의 비용내역에서 청소비는 제외된다.

순익을 가늠하기 위해 고정 비용에 대해 알아보았으나, 고정 비용이 가격 설정 전략에 영향을 주어서는 안 된다. 고정 비용은 당연히 지출되는 금액이고, 임대일 수에 따라 달라지지 않기 때문이다.

이를 통해 얻을 수 있는 첫 번째 결론은 다음과 같다.

CHAPTER 3 가격 책정하기

최적의 가격 설정 전략은 고정 비용과 무관하다.

이해를 돕기 위해 예를 하나 들어보겠다. 집을 연중무휴로 임대할 수 있고 게스트가 사용하지 않으면 빈 집으로 남아 있는 경우를 생각해보자. 공실의 경우에는 수익이 제로이다.

이 집에 대한 고정 비용은 다음과 같이 계산할 수 있다.

모기지 비용	=	$1000/월
TV/인터넷	=	$100/월
보험료	=	$50/월
지방세	=	$150/월
고정 유지비	=	$200/월
총 고정비용	=	$1500/월
	=	$50/일

한편 변동 비용(집을 임대하는 경우)은 다음과 같다.

가스/수도/전기	=	$300/월
게스트를 위한 각종 용품	=	$300/월
유지관리비	=	$150/월
변동성 관리비용	=	$150/월
총 변동비용	=	$900/월
	=	$30/일

자, 이제는 다음의 두 가지 상황을 고려해볼 수 있다.

첫째, 하루에 40달러를 받고 집을 임대하는 경우이다. 1박에 40달러를 사용료로 설정한다면 '손해 보는 장사'인 셈이다. 고정 비용으로만 50달러를 지출하고 있기 때문이다. 게스트를 받으면 30달러를 지출하게 되어 총 지출 비용은 80달러가 된다. 따라서 1박 임대 시 그날에만 40달러를 손해 보게 된다.

둘째, 집을 공실 상태로 두는 경우이다. 집이 공실인 경우 변동 비용은 발생하지 않지만, 1박당 50달러라는 고정 비용은 지불해야 한다. 즉 총 50달러씩 매일 고정 비용으로 나간다는 의미이다.

따라서 '첫 번째 경우'는 손실을 야기하긴 해도 '두 번째 경우'보다는 나은 선택이다. 두 번째 결론은 다음과 같다.

게스트 이용료가 변동 비용보다 조금이라도 높다면, 공실보다는 임대하는 편이 이익이다.

다시 말해 허용할 수 있는 최저 가격은 변동 비용과 동일한 지점이고, 이 경우에는 최저 가격이 30달러가 된다. 어떠한 날에 임대를 하든 가격 범위에서 최저 수준이라는 것이다. 현 시점에서 전혀 순익이 발생하지 않는다 해도, 평가와 후기가 누적되기 때문에 향후 예약 수를 늘릴 수 있다는 사실을 기억하자.

이제는 하루에 40달러로 임대할 수 있는 상황이 되었다고 가정해보자. 1박에 순익(40달러에서 30달러를 뺀 금액)인 10달러를 벌어봤자 호스트 입장에서는 시간 낭비라는 결론에 도달할 수 있다. 물론 그렇게 단정 지을 수 있겠지만, 과연 호스트는 이윤이 어느 수준이 되어야 만족할 것인가? 20달러인가? 30달러인가? 어느 정도면 성에 찰 것인지에 맞춰 관리 비용을 조절할 것을 제안한다. 예를 들어 하루에 최소 30달러를 순익으로 버는 것이 할 만한 장사라고 생각한다면, 1박당 관리 비용은 5달러에서 35달러로 증가할 것이다. 이러한 경우 최저 가격은 60달러가 되어야 한다.

최저 가격에 대해 대략 가늠이 된다면 이젠 훨씬 더 복잡한 문제를 생각해보자. 게스트가 지불할 의향이 있는 최대 가격이다. 그렇다면 이 가격은 어떻게 결정되는가?

우선 잠재 고객의 관점으로 생각해보자. 소비자의 관점에서 어떻게 의사결정을 내릴 것 같은가? 가상의 게스트가 나의 지역에 체류하기로 마음먹었다고 가정해보자. 지역명을 검색한 후 그 지역에 위치한 자신의 조건과 가장 잘 맞는 집을 선택할 것이다.

게스트가 지불할 만한 최적의 가격을 산정할 때는 자신의 집과 거의 유사한 경쟁력을 지닌 기타 등록물의 가격을 고려한다. 같은 지역 내에서 어떤 이웃이 자신의 집과 유사한 집을 갖고 있는지 살펴보고, 만약 그 이웃이 비슷한 등록물에 대해 1박에 100달러로 게재했다면, 게스트는 굳이 200달러를 지불하며 우리 집에 머물지 않을 것이다. 그러나 130달러 혹은 120달러라면 지불할 의향이 있을 수도 있다. 게스트의 개인 취향이나 선호도에 따라 추가 지불 의향 금액이 달라질 수 있기 때문이다. 게스트가 어느 정도 주머니 사정이 넉넉하다고 가정한다면 게스트는 약간의 웃돈을 지불하면서 우리 집을 이용하려고 할 수도 있다. 우리 집의 벽 색깔이 마음에 들거나 거실의 인테리어나 부엌의 고급 커피 머신에 혹할 수도 있다.

여기에서 세 번째 결론을 내려보겠다.

집의 최대 가격은 같은 지역에 위치한 최고의 등록물 가격에 게스트의 개인 선호도에 따른 프리미엄 가격을 추가한 금액이다.

그렇다면 추가되는 프리미엄 가격은 어떻게 산정하는가? 좋은 질문이다. 그러나 지금 당장 금액을 정하기는 어렵고, 실험을 통해서 황금 숫자에 도달할 수 있다. 과학자가 되어 연구실에서 실험하듯 정밀하고 과학적으로 가격 설정 실험에 임하라. 자신이 설정하는 가격과 숙박 관련 요청 사항에 대해 모니터링하는 것은 호스트의 몫이다.

일련의 등록물을 검토한 후 동일 지역에서 가장 잘나가는 집이 200

달러로 올라와 있다는 사실을 알게 되었다고 가정하자. 이 금액에 임의로 25퍼센트의 이윤을 추가하여 최대 250달러로 설정할 수 있다.

이러한 경우 가격 범위는 30~250달러이다.

기본 가격 설정하기

가격 범위를 설정했다면 다음 단계는 기본 가격을 정하는 것이다. 기본 가격이란 에어비앤비 임대 사업을 하는 기간 동안 연중 매일 적용되는 기준 가격이다. 단 ❶특정 일자에 대한 가격을 임의로 변경하거나 ❷가격 컨설팅 서비스를 신청하는 경우는 제외이다. '숙소 목록＞숙소와 달력 관리＞요금 설정'에서 기본 가격을 설정할 수 있다.

◀ 요금 설정 화면

기본 가격을 설정하면 가격 설정 칸 옆에 있는 에어비앤비의 조언을 참조할 수 있다. 하지만 경험상 가격 설정에 대한 조언은 부족한 면이 많다. 바로 이어서 ❶에어비앤비에 갓 올라온 등록물, ❷베테랑 호스트의 등록물에 대한 기본 가격 계산법에 대해 알아보겠다.

CHAPTER 3 가격 책정하기

신규 등록물의 기본 가격 설정하기

에어비앤비에 처음 집을 등록하고자 할 때 최대한 빠른 시간 안에 명성을 얻겠다는 목표를 세워야 한다. 에어비앤비에서의 성공은 네티즌들의 신뢰와 소셜 네트워크의 입소문으로 귀결된다. 후기 없는 집에 가려는 이용자는 거의 없지 않겠는가. 초반에 공실 없이 예약을 확보하는 것이 관건이기 때문에, 같은 지역 내의 다른 숙소 요금보다 20~30퍼센트 낮게 설정할 것을 권한다. 주변 숙소 요금을 파악하는 방법은 다음과 같다.

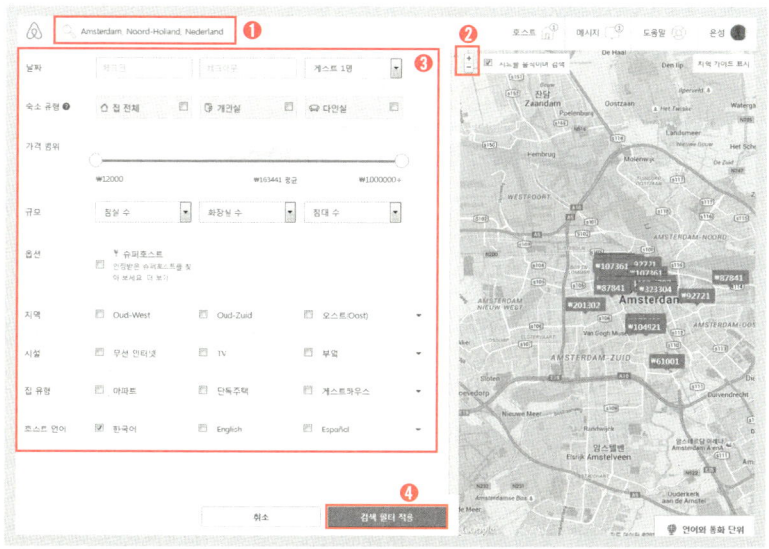

❶ 에어비앤비에서 해당 도시에 위치한 숙소를 검색한다.
❷ 자신의 지역을 지도 툴을 이용해 줌인(zoom in)한다.
❸ 필터 기능을 이용하여 유사한 숙소 형태를 찾는다.

❹ [검색 필터 적용]을 클릭하여 검색 결과를 확인한다.

그림과 같은 방법으로 유사한 등록물의 평균 가격을 파악한다. 유사한 조건의 새로운 등록물이라면 초기 가격 수준을 평균 가격보다 낮게 책정할 것을 권한다. 입소문이 전무하기 때문에 가격을 낮게 책정해야 해서 불리하다고 생각할 수 있지만, 상대적으로 낮은 요금 때문에 에어비앤비의 검색 결과에서 상단에 위치하게 된다. 같은 지역의 경쟁 숙소 대비 돋보이는 최상급 사용가능 물품/시설, 특징이 있으면 이에 맞춰 가격을 조정할 수 있다. 화려한 욕조나 옥상 정원이 있다면 주저 말고 그에 상응하는 프리미엄만큼 가격을 올려도 무방하다.

단 가격이 낮으면 숙소에 문제가 있을 것이라고 예상하는 고객도 꽤 있다는 점을 기억하라. 같은 지역 내의 다른 숙소 대비 전혀 하자가 없어 보이는 데도 가격이 낮다면 뭔가 문제가 있을 것이라고 예상한다. 따라서 연중 낮은 가격이 아니라 한시적으로만 특가를 제공하는 이벤트임을 숙소 제목이나 설명에 반드시 포함해야 한다.

베테랑 호스트의 등록물에 대한 기본 가격 설정하기

호스트로 연륜이 쌓이고 어느 정도 입소문도 좋게 났다면 집의 기본 가격은 평균 이용료에서 크게 벗어나지 않는다는 것을 의미한다. 단 이용률에 따라 몇 달 동안은 1박 이용료를 조정할 수 있다. 절대적으로 완벽한 가격을 계산하기란 거의 불가능하겠지만 근사치라도 구할 수 있는 조언을 주겠다.

지난 몇 달 동안 숙소의 평균이용률이 80% 미만이라고 가정하자. 가격을 높게 책정해서 이용률이 높지 않을 확률이 높다. 이러한 경우 가격을 내려서 집의 매력도를 높여라. 한편, 평균이용률이 90%를 상회한다고 가정하자. 가격을 낮게 책정한 결과일 수 있다. 따라서 가격을 상향 조정하여 게스트가 과연 추가 금액을 지불할 의향이 있는지 '간보기'를 하라.

체크인 30일 전 대부분 예약이 진행됨을 기억하기

에어비앤비의 숙소 예약 중 50%가 체크인으로부터 30일 이전에 진행된다는 사실을 알고 있는가? 조사에 따르면 에어비앤비 이용자들이 몇 달 전이 아닌 실제 여행일 즈음에 숙소를 결정하는 성향이 강하다고 한다. 호스트가 투숙일로부터 수개월 전에 예약 상황을 파악할 수 있으면 좋은 점도 있지만, 지나치게 이른 예약이 많아지면 프리미엄 가격을 매길 수 있는 성수기 특혜를 놓칠 수 있다. 투숙일 30일 이전에 100% 예약이 되었다는 것은 이용료가 낮다는 의미이고, 눈앞의 이익을 미리 포기한다는 의미이다. 이러한 손해를 피하려면 다음의 조언을 기억하라.

특정 달의 예약률이 50%을 초과할 경우 기본 가격을 상향 조정하도록 한다. 투숙일로부터 30일 이전의 기준점을 지나면 게스트는 더 높은 이용료를 지불할 의향이 생긴다. 이용률이 100%에 가까워질수록 가격을 높여도 무방하다.

수요에 맞게 가격 조정하기

성수기와 비수기에 따라 항공료와 호텔 이용료의 변동 폭이 크다는 점은 알고 있을 것이다. 항공사와 호텔이 수요에 따라 가격을 조정하여 최대의 이윤을 취한다는 간단한 논리이다. 이 논리를 에어비앤비 등록물에 적용하면 호텔 체인처럼 호스트도 수요의 변동 폭을 예측하여 이윤을 극대화할 수 있다.

직관적인 개념이긴 하지만 ❶수요의 이동을 예측하고 ❷적절한 가격 변동 폭을 계산하기란 쉽지 않다.

초보 호스트의 등록물은 시즌별, 요일별로 수요가 다를 것이다. 단 여느 목적지를 막론하고 여름이 성수기임은 당연지사다. 숙소의 위치가 호프집과 식당이 즐비한 동네라면 주말 수요가 높지만, 업무지구에 위치한 숙소는 주중 수요가 높다. 그 외에도 주요 현지 행사, 회의, 콘서트, 그리고 크리스마스 및 12월 31일과 같은 특별한 날도 대목이다.

항공사와 대형호텔 체인은 특정일에 대한 최적가를 산정하기 위해 회귀모형을 구축하고 가격 분석을 검토하는 전문팀을 고용할 여력이 되겠지만, 에어비앤비 호스트는 이 정도의 여유는 없을 듯하다. 그래서인지 가격 설정 전략을 최적화하기 위해 시간과 노력을 들이지 않는 호스트가 많은 것 같다. 이들은 연중 동일한 1박 이용료를 정해놓고, 잠재 수익의 10~40% 정도는 손해를 본다. 손해 보는 장사를 하지 않도록 가격 최적화를 위해 노력해야 한다.

자동 가격 설정 애플리케이션

에어비앤비가 전 세계로 뻗어나감에 따라 관련 서비스를 제공하는 업체들도 대폭 증가하고 있다. '에버북트Everbooked'와 '비욘드 프라이싱Beyond Pricing'이 가격 설정 애플리케이션을 생성하고 관리하는 가장 대표적인 우수 업체이다. 이들 업체의 애플리케이션은 에어비앤비 계정과 순조롭게 연계되어 수요 변동 폭에 따라 실시간으로 가격을 업데이트해준다.

그렇다면 이러한 업체가 어떠한 방식으로 개별 호스트의 등록물에 대해 최상의 가격을 결정하는가? 각 업체는 ❶방문자 수, ❷본인의 집과 유사한 등록물의 이용률 실적, ❸해당 시점의 항공료, ❹호텔 예약률 등의 여러 관련 정보를 자체 개발한 알고리즘에 입력하여 분석한다.

두 애플리케이션은 에어비앤비와 100% 통합되어 가격 설정을 자동화한다는 장점이 있다. 호스트가 한 번 설정하면 잊고 있어도 된다는 의미이다. 두 애플리케이션 중 하나를 선택하여 등록물을 연동하면, 가격 관리 문제는 신경 쓰지 않아도 된다. 호스트의 달력을 매일 업데이트하여 순이윤을 높일 뿐 아니라 에어비앤비 검색 결과 순위에서 상단에 올라갈 수도 있다. 에어비앤비는 달력을 주기적으로 업데이트하는 호스트의 등록물에는 검색 결과 상단에 올라갈 수 있는 특권을 준다는 사실을 기억하라.

두 애플리케이션의 서비스 수수료는 등록물에 대한 총 수익의 1%에 불과하다. 애플리케이션을 이용하면 수익이 10~40% 증가한다는 통계치를 고려한다면 분명 이용할 만한 가치가 있다. 자신의 지역에서 제공되지 않는 서비스라고 해도 등록을 하면 추후 서비스가 시작될 때 알림 메시지를 보낼 것이다.

장기적인 이윤 창출하기

1박 요금을 30달러에 책정한다 한들, 장기적으로는 손해 볼 것이 없는 장사이다. 후기가 쌓이고 순위가 올라가면서 잠재 순익도 증가하기 때문이다. 게스트가 재방문하거나 타인에게 추천을 할 수도 있다는 가능성도 있다.

에어비앤비에서 사업을 시작할 때 변동 비용과 거의 같은 가격으로 임대하는 것도 합리적일 수 있다. 초창기에는 후기가 진가를 발휘하고 영향력도 크기 때문이다. 후기 21개와 20개는 큰 차이가 없지만, 후기가 한 개 있는 것과 아예 없는 것은 큰 차이다.

이를 바탕으로 네 번째 결론을 내린다.

후기가 적을수록 가격을 보다 공격적으로 낮추어야 한다. 특히 체크인 날짜가 현재 날짜에 가까워질수록 가격을 대폭 내린다.

효율적인 가격 책정 방법

최저 가격을 설정하는 것이 매우 복잡하게 생각될 수 있다. 지금까지 살펴본 효율적으로 가격을 정할 수 있는 방법 네 가지를 보자.

- 최적의 가격 설정 전략은 고정 비용과 무관하다.

- 게스트 이용료가 변동 비용보다 조금이라도 높다면 공실보다는 임대하는 편이 이익이다.
- 집의 최대 가격은 같은 지역에 위치한 최고의 등록물의 가격에 게스트의 개인 선호도에 따른 프리미엄 마진을 추가한 금액이다.
- 후기가 적을수록 가격을 보다 공격적으로 낮추어야 한다. 특히 체크인 날짜가 현재 날짜에 가까워질수록 가격을 대폭 내린다.

프리미엄 마진 책정하기

프리미엄 마진을 책정하려면 실험, 관찰 그리고 분석이 필요하다. 현재 시점이 1월이고 집의 최대 이용료가 250달러라고 가정해보자. 4월 이후부터는 한 주는 300달러, 한 주는 275달러, 또 한 주는 250달러, 그리고 또 한 주는 225달러로 설정해본다. 예약 현황을 관찰하고 결과를 기록한다. 엑셀 스프레드시트를 활용하여 예약이 진행되는 ❶ 시점과 ❷ 가격을 기록한다. 충분히 연습한 끝에 패턴을 파악하고 프리미엄 마진에 대한 전략을 다듬는다.

숙소 등록하기

처음 숙소를 등록하는 경우 다음의 사항을 우선시해야 한다.

- 에어비앤비 커뮤니티에서 명성 쌓기
- 검색 결과에서 등록물의 가시성 키우기

위 두 가지에 주안점을 두면 장기적으로 수익을 극대화할 수 있다. 앞서 언급했지만 초기에는 이용료를 매우 낮게 설정하여 입소문이 나기까지 최대한 예약을 많이 잡는 데 초점을 둔다. 단 같은 지역의 비슷한 숙소 대비 이용료를 낮게 설정할 경우를 '첫 예약 게스트 10명에게 이번 달에만 30% 할인 혜택 제공' 등의 문구를 삽입하자. 이와 같은 부연 설명이 없으면 집에 하자가 있다고 오해할 수 있기 때문이다.

주 단위 혹은 월 단위로 가격 설정하기

에어비앤비에서는 주 단위 혹은 월 단위로 가격을 설정할 수 있는 옵션이 있다. 이 기능을 활용하여 일주일 이상 숙박하는 게스트에 대한 가격 할인을 자동으로 계산할 수 있다. 나는 일주일 숙박 시 10~15% 할인을 제공한다. ❶청소 빈도가 줄고, ❷일반 관리 비용이 줄며, ❸매번 새로운 게스트를 맞이할 때보다 게스트 변동이 줄어 개인 손해배상비용도 줄어들기 때문이다.

   주 단위 가격을 설정하는 데는 ❶기본 요금, ❷맞춤 요금 두 가지 옵션이 있다. 나는 성수기와 특별 행사나 시즌을 고려한 맞춤식 가격 옵션을 권한다. 일반 가격 옵션의 경우에는 수요를 감안하지 않고 동일한 표준 이용료가 모든 주에 대해 적용되기 때문이다.

최상위 숫자 활용하기

대부분의 제품과 서비스 가격이 9.99달러, 59.99달러, 499.99달러 등으로 설정된다는 점을 눈여겨본 적이 있는가? 나 같은 사람은 굳이

1센트의 잔돈을 거스름돈으로 받는 상황이 귀찮을 뿐이다. 그러나 얼핏 보기엔 장난스러운 소수점 가격의 비밀에 대해 알아보면 놀랄 것이다.

업계가 맹신하는 '최상위 숫자 가격설정론(Most Significant Digit Pricing, 한 단어 또는 어떤 값에서 가장 큰 비중을 갖는 숫자. 가장 왼쪽에 위치하는 숫자로, 예를 들면 84291에서 최상위 숫자는 8이다—옮긴이 주)'이라는 방법론이 있다. 수많은 연구 결과에 따르면 30달러의 제품보다 29.99달러의 제품의 매출이 월등히 높다는 것을 알 수 있다. 사람들은 최상위 숫자, 즉 가장 왼쪽에 위치하는 숫자를 눈여겨 보기 때문이다. 29.99달러에서 소비자의 시선을 사로잡은 숫자는 '2'이고, 이에 맞춰 가치를 평가한다. 즉 30달러가 아닌 29.99달러에 제품을 구매할 확률이 높다. 이 원칙에 따라 소비 심리가 크게 좌우되므로 가격 설정 전략을 정할 때도 참작하기 바란다.

가격 할인에 대하여

내 경험상 가격 할인을 요청하는 게스트가 많은 편이다. 협상을 해야 한다는 이야기인데, 협상 관련 유명한 도서는 시중에 많기 때문에 협상에 대한 노하우 설명은 생략하겠다. 협상은 복잡한 예술이자 과학이다. 참고 도서를 통해 협상의 지식을 함양하기 바란다. 여기에서는 몇 가지 기본적인 개념에 대해서만 설명하겠다.

협상에서의 위치

협상 단계에서 가장 중요한 요소는 협상에서 차지하는 위치이다. 협상에서의 위치를 좌우하는 요소는 다음과 같다.

- 협상 대상물
- 대상물 제공에 대해 받고자 하는 대가
- 시장에 존재하는 대안물

임대 사업을 하는 에어비앤비에서는 대상물이 숙소가 된다. 숙소에 대한 최소 대가는 최저 가격, 즉 '변동 비용+프리미엄 마진'이다.

비슷한 숙소 알아보기

호스트와 게스트 모두에게 만족스러운 가격을 설정하려면 등록된 비슷한 숙소를 알아봐야 한다. 해당 기간 동안 게스트가 이용할 수 있는 숙소를 대안물로 간주한다. 대부분의 게스트가 위치를 기준으로 숙소를 결정하기 때문에 이 숙소들은 같은 지역에 위치할 가능성이 높다. 따라서 에어비앤비 사이트에서 해당 지역을 검색하여 어떠한 숙소가 등록되었는지 훑어봄으로써 경쟁 상황을 파악한다. 게스트가 문의한 날짜를 입력하면 이용 가능한 숙소가 올라올 것이다.

협상을 할 때 고려해야 하는 요소

가격 할인을 고민할 때 고려해야 하는 몇 가지 중요한 기준이 있다. 달력을 보고, 요청한 숙박 기간을 파악한 후, 맞이하려는 게스트의 타입을 고려한다. 이를 통해 합리적인 타협점을 찾을 수 있을 것이다.

예약 일자가 달력에서 얼마나 적합한 시점인가

예약이 차지 않은 빈 날짜에 예약이 들어오면 호스트는 가격 협상에 대해 긍정적일 것이다. 공실로 인한 지출비용을 내는 것보다는 적게라도 돈을 버는 것이 낫기 때문이다. 예를 들어 1일 200달러에 임대한다고 가정해보자. 잠재 게스트가 내게 5월 2일부터 5월 7일까지 숙박하고 싶다는 메시지를 보낸다. 달력을 보니 해당 일자의 전과 후에 예약이 차 있다. 그런데 게스트가 1박당 40달러의 할인을 요청한다. 5박이라 1천 달러이지만 할인 시 800달러를 버는 셈이다. 그렇다면 요청을 수락할 것인가? 당연히 예스이다.

　주말인 5월 2일에서 5월 5일에 예약이 몰리기 때문에 그다음 주 월요일과 화요일은 공실이 될 확률이 높다. 따라서 어차피 예약이 없는 이틀에 대한 공실비만 400달러가 되므로, 할인 요청을 수락하여 200달러를 수익으로 받는 것이 훨씬 유리하다.

숙박 기간이 어떻게 되는가

나는 게스트가 6일간 숙박할 때 자동으로 할인을 제공하는 가격 제도를 활용하고 있다. 이윤과 후기와 직결되는 최적의 선택이라고 생각하기 때문이다. 6일 정도의 숙박 기간에는 2~3일과 같은 짧은 숙박보다 할인 금액을 제공하는 경우가 많다.

어떤 타입의 게스트가 오는가

암스테르담에 위치한 내 집은 호프집과 나이트클럽이 많은 도심에 위치한다. 예상대로 주말 내내 젊은이들이 모여 열광적으로 파티하며 놀기에 적합한 위치라 이런 부류의 게스트 문의를 많이 받는다. 이들을 게스트로 받긴 하지만, 개인적으로 선호하는 부류는 조용한 주말을 보내고자 하는 은퇴한 노부부이다. 개인보상금액도 낮은 편인 데다 소음으로 민원이 들어올 확률도 낮다. 친구들을 여럿 불러서 밤새도록 과음을 하며 술에 취한 채 집안을 엉망으로 만들지도 않는다. 물론 나도 가끔 맥주를 마시며 노곤한 기운을 즐길 줄 아는 사람으로, 고리타분한 사람은 아니다. 그러나 시끄러운 19세 청년 무리보다는 매너 좋고 조용한 부부에게 할인해주고 싶은 건 어쩔 수 없는 것 같다.

게스트와 협상하기

통상적으로 잠재 게스트가 금액을 제안하도록 선택권을 주는 것이 바람직하다. 원하는 제안 가격을 제시하도록 하여 원하는 금액을 대략 파악한다. 제안 가격을 듣고 호스트가 받고자 하는 금액을 제시하고 나면, 그 중간선에서 적정금액에 합의할 수 있다.

단 고객에게 쉽게 할인을 수용한다는 인상을 주지는 말자. 수요가 꾸준한 높은 품질을 자랑하는 숙소라는 인상을 갖게 한다. 나는 에어비앤비 사업을 이어오면서 이 전략으로 큰 성공을 거두었다.

호스트의 제안 가격이 1천 달러고 게스트가 제안하는 가격이 800달러라고 가정해보자. 이러한 경우에는 950달러로 타협점을 찾으라. 단 잠재 게스트가 요지부동으로 타협점에 응하지 않는다면 앞서 언급한 여러 요소를 고려하여 예약 수락 여부를 결정한다.

추가 비용에
대하여

에어비앤비는 ❶ 청소비, ❷ 추가 게스트, ❸ 보증금 항목에 대해 추가 비용 청구 옵션을 제공한다. 호스트마다 청구하는 금액이 다르므로 에어비앤비에서 활동한 사업 연차뿐 아니라 숙소의 종류와 숙소의 크기에 따라 비용을 정하면 된다.

청소비

호스트는 청소비에 대해 추가 비용을 청구할 수 있다. 경험상 청소비 추가 청구가 예약에 부정적 영향을 주지 않는다는 사실을 알게 되었다. 따라서 청소비에 대해 고정 금액을 설정해두는 것도 좋은 전략이다. 대부분 청소비는 숙소의 크기에 따라 25~100달러이다.

새로 등록하는 숙소에 대해서는 청소비도 낮게 책정할 것을 권한다. 청소비가 1박 기준으로 제시되기 때문에 예약하는 일자가 많아지면 숙소 이용료도 낮아지지만 청소비도 낮아진다. 그런데 신규 숙소는 짧게 머무는 경우가 많아 후기를 많이 모으는 것이 관건이므로 청소비를 낮게 해야 한다. 비용이 높으면 잠재 게스트가 짧게 머무는 것도 꺼려할 수 있다는 점을 기억하라.

추가 게스트에 대한 비용

추가 게스트가 발생한다는 것은 변동 비용이 증가한다는 의미이다. 같은 무리의 투숙객이 많아지면 전기, 수도, 가스를 사용하는 사람도 많아지지 않겠는가. 맞이하는 게스트가 늘어나면 재산 피해에 대한 개인배상 비용도 올라간다.

내 경우에는 첫 네 명의 게스트에 대해서는 기본 요금을 청구하고, 한 명이 추가될 때마다 25달러를 추가한다. 기타 유럽 도시의 상위 순위에 오른 대부분의 숙소와 유사한 방침이다.

보증금 요청하기

대도시에서 임대업을 여느 집주인처럼 에어비앤비의 호스트도 게스트의 숙박 기간 동안 발생하는 피해나 손실에 대해 **보증금**을 받을 수 있다. 배상 청구는 체크아웃으로부터 48시간 이내에 한다. 호스트가 배상 청구를 하면 게스트는 ❶ 청구를 수락하고 금액을 지급하는 데 동의하거나 ❷ 청구를 거부하고 에어비앤비에 중재 절차를 신청할 수 있다.

개인적으로 보증금 제도를 권장하지 않는데 여기에는 몇 가지 이유가 있다. 첫째, 책임감 있는 선의의 게스트가 발길을 돌릴 수도 있다. 비합리적으로 배상금을 청구한 집주인을 겪어서 보증금을 꺼려하는 지인들을 몇몇 봐 왔다. 물론 악덕 호스트가 발을 들이지 못하도록 에어비앤비에서 조치를 취하고 있긴 하지만, 게스트는 보증금과 관련된 불미스러운 일이 발생할 수 있다는 점을 우려한다. 둘째, 경험상 극도로 미미한 경우를 제외하고는 어떠한 재산 피해도 없었다. 마지막으로 실제 재산 피해가 가해질 경우 에어비앤비 호스트 보호Airbnb Host Guarantee 프로그램을 활용할 수 있다.

CHAPTER 3 가격 책정하기

Special Story

안나의 이야기

에어비앤비에 대해 알기 전까지 내 집을 한 번도 임대해본 적이 없다. 대도시에서 젊은 전문직으로 활동하면서 평범한 삶을 살며 매일 같은 생활을 반복했다. 아침에 일어나 식사를 하고 하루 종일 일한 후, 퇴근 후 집에 와서 TV를 보고 밤 10시에 잠이 들었다. 다른 사람들 눈에는 부러워할 만한 편한 삶이었지만, 답답한 갈증을 느꼈다.

그러던 중 우연히 에어비앤비를 알고 큰 흥미를 갖게 되었다. 전 세계 여행객에게 다양한 숙소를 임대하는 사람들에 대해 알게 되었다. 내가 여자이기 때문에 낯선 이들을 집으로 들이는 것이 처음에는 꺼려지기도 했지만, 이런 저런 검색과 조사 끝에 에어비앤비가 놀라운 이용률을 자랑하는 보편화된 툴이라는 점을 알게 되었다.

숙소를 등록하고 에어비앤비를 사용하면서 내 삶은 180도 변했다. 우선 에어비앤비의 임대료만으로도 금전적 여유가 생기게 되어 지긋지긋한 직장도 쉽게 관둘 수 있었다.

금전적 여유가 생기다 보니 충분한 여유 시간에 하고 싶은 것을 할 수 있게 되었다. 여행하는 것을 무엇보다 좋아하기 때문에 유럽과 아시아를 수차례 여행했다. 오랜 친구들도 만나고 빠른 속도로 새로운 친구들도 만날 수 있었다. 현재 나는 축복받은 인생을 사는 기분이다.

여유 시간에는 다양한 사업 구상도 한다. 언젠가는 사업적 성공을 거두고 싶지만 당분간은 집을 임대하여 수익을 꾸준하게 올리는 것으로 매우 만족한다. 지금은 일반적인 임대 방식으로 전환할 생각이 전혀 없다. 단기 투숙하는 사람들은 대체로 휴가를 보내는 중이라 즐겁고 친절하기 때문이다. 그래서인지 처음 만남에서부터 긍정적인 기운이 맴돈다. 게스트들에게 시내를 구경시켜주거나 좋은 식당에 데려가고 멋진 관광지도 소개한다. 내 환대에 고마워하는 그들을 보면 참으로 뿌듯하다.

호스트 역할을 잘 소화해내면 성취감도 크고, 사람들을 도와주는 과정에서 열정도 느껴진다. 게스트가 만족하면 나도 기분이 좋아서 늘 게스트를 기분 좋게 하려고 한다. 나는 평생 에어비앤비 임대업을 할 계획이며, 누구에게나 에어비앤비에 대해 소개해주고 싶다.

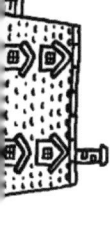

Chapter 4
게스트

고객은 왕이다. 고객의 입김은 모든 것을 좌우한다. 사업의 순익, 신규 지역으로의 확장, 폐업 여부의 결정권도 고객의 손에 있다. 게스트는 호스트에게 고객이고, 호스트의 숙박 사업에서 가장 중요한 요소이다. 따라서 호스트는 게스트에게 최상의 경험을 선사하기 위해 항상 노력해야 한다.

게스트가 숙소에 도착할 때 집을 비우는 호스트는 고객을 한 번도 직접 보지 못할 수 있다. 그렇지만 직접 보지 못해도 이메일이나 문자 메시지로 커뮤니케이션을 해 고객의 경험을 훨씬 개선할 수 있으니 안심해도 좋다.

그렇다고 상황이 계획대로만 흘러가는 것은 아니다. 게스트가 사면초가의 순간에 빠지게 되는 경우도 있다. 숙소의 인터넷이나 TV가 갑자기 안 되거나 호스트가 집을 비우는 동안 관리를 담당하기로 한 사람과 의사소통이 잘 안 되어 체크인을 해야 할 때 맞이할 사람이 부재중일 수 있다. 이와 같이 예측 불허한 상황에서는 심한 불안감이 들 수 있겠지만 최악의 상황을 벗어나는 방법은 언제나 있게 마련이다. 이러한 상황이 사업에 어느 정도로 타격을 줄 것인지는 호스트가 상황을 어떻게 처리하느냐에 따라 달라진다. 벌어진 상황 자체만으로 사업이 타격을 입지는 않는다.

마지막으로 게스트의 내재적 가치에 대해 반드시 인지해야 한다. 게스트는 이용료를 지불하고 후기를 써줄 뿐 아니라 제공받는 서비스에 대해 생생한 피드백을 해주기도 한다. 아무리 완벽한 호스팅을 한다 해도 실수는 있는 법이다. 이때 게스트는 호스트의 실수를 파악할 수도 있지만 운이 좋으면 파악하지 못하고 지나칠 수도 있다. 이런 게스트에게 게스트의 만족도를 파악하기 위해 피드백을 요청하면 호스트가 간과한 사항을 쉽게 체크하고 신속하게 개선점을 반영할 수 있다.

CHAPTER 4 게스트

게스트와의
커뮤니케이션

많은 방문객들이 단기 숙박을 선호하는 이유는 특별한 대접을 받는 기분이 들고 원활한 커뮤니케이션이 가능하기 때문이다. 게스트와 소통을 잘하는 호스트는 게스트가 숙소에 발을 들이기 전부터 한껏 좋은 인상을 심어줄 수 있다.

호스트에게 연락할 수 있는 방법

잠재 게스트는 두 가지 방식으로 호스트에게 연락할 수 있다.

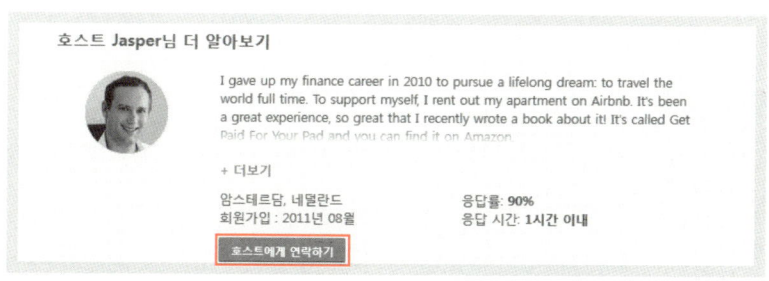

▲ 호스트에게 연락할 수 있는 방법 1

첫째, [호스트에게 연락하기 Contact Host] 버튼을 클릭하여 문의할 수 있다.

▲ 호스트에게 연락할 수 있는 방법 2

둘째, [예약 요청Request to Book] 버튼을 클릭하여 예약을 요청할 수 있다.

문의 접수 즉시 답변하기

잠재 고객으로부터 메시지를 받기 시작할 때 최대한 빠른 속도로 답변하라. 우수한 고객 서비스를 판가름하는 요소에는 신속한 접근성이 있다. 구매자가 제품을 살 수 없다면 제품이나 홈페이지의 우수함은 큰 의미가 없다. 모바일 기술이 개발됨에 따라 사람들의 인내심이 많이 줄어들면서 빠른 답변과 반응에 대한 요구, 접근성이 뛰어난 고객 서비스에 대한 요구는 나날이 증가하고 있다.

문의가 접수되는 즉시 답변하라. 중요한 법칙 하나를 소개한다.

잠을 자고 있는 것이 아니라면 어떠한 문의든 한 시간 이내에 답변하라. 이를 위해 이메일로 문의가 들어오면 바로 알려주는 특별 알림 문자 서비스를 신청하면 된다. 나는 일을 할 때도 한 시간 이내 법칙을 따르고 있으며 고객들은 나의 서비스에 감탄한다. 게스트도 이처럼 정성을 기하는 호스트의 태도를 감사히 생각한다.

대부분의 에어비앤비 사이트 이용자들이 다수의 호스트에게 동시에 연락하기 때문에 빨리 응답하는 것이 매우 유리하다. 가장 먼저 응답하는 호스트의 숙소를 예약할 확률이 훨씬 높다.

대부분의 문의는 다음과 같은 단문의 메시지이다.

재스퍼 님, 안녕하세요.
저희 여행 일자(5월 15~20일)에 숙소 이용이 가능할까요?
감사합니다.

존 드림

이러한 경우 늘 다음과 같이 답한다.

존 님
문의 감사드립니다. 다행히도 해당 일자에 숙소 이용이 가능하며 귀하를 진심으로 환영합니다. 편안한 숙소와 멋진 주변 지역에서 좋은 시간이 되시리라 생각합니다.
그 밖에 문의 사항이 있으시다면 주저하지 말고 물어봐주십시오. 최대한 편안하게 지내실 수 있도록 최선을 다하겠습니다. 예약 후에는 숙소와 주변 지역에 관한 전반적인 가이드를 보내드리겠습니다.

재스퍼 드림

가끔 문의 사항에는 다음의 질문도 포함된다.

....

재스퍼 씨, 안녕하세요?
숙소가 훌륭하네요. 질문이 몇 개 있습니다. 주차 시설은 이용 가능한가요? 계단은 많이 가파른가요? 집에 헤어드라이어가 구비되어 있나요?

존 드림

....

대응력이 좋으려면 게스트가 명확하게 이해할 수 있는 이메일을 보내야 한다. 여러 가지 질문을 하는 경우 명확하고 체계적으로 각 질문에 대해 답변해야 한다. 최종 결정을 내리기까지 필요로 하는 답변을 전부 제공해주지 않는 호스트는 모든 질문에 꼼꼼하게 답변하는 호스트에게 고객을 빼앗길 것이다. 예시 답변은 다음과 같다.

....

존 님
보내주신 문의에 대해 감사드리며, 답변해드리겠습니다.
- 주차 시설은 이용 가능한가요? - 저희 건물에는 주차장이 없지만 현관문에서 대략 15미터 정도 걸어가면 괜찮은 주차장이 있습니다. 차를 사용하지 않고 주차만 하는 경우 1일 사용료가 10달러이지만 차를 자주 사용하면서 주차하는 경우 1일 15달러입니다.
- 계단은 많이 가파른가요? - 일반 계단보다는 약간 가파르지만 지금껏 미끄러져 다친 게스트는 없었습니다. 어린아이나 노인 부부도 투숙한 적이 있는데 계단이 문제가 되었던 적은 없습니다.
- 집에 헤어드라이어가 구비되어 있나요? - 물론 있습니다. 2층 화장실에 좋은 헤어드라이어가 마련되어 있습니다.

혹시라도 추가 질문이 있으시다면 언제든 문의 주십시오. 빨리 뵐 날을 기다리겠습니다. 감사합니다.

재스퍼 드림

....

최대한 단순한 양식으로 문의 내용에 답변하고, 제공하는 정보가 시각적으로도 눈에 띄게 하여 간명하되 관련된 추가 질문이나 문의가 필요 없도록 없게 한다. 답변의 목적은 즉각 예약을 유도할 수 있도록 한 번에 궁금한 사항을 해결해주는 것이다.

또한 문의 사항을 활용하도록 한다. 질문 내용을 보면서 등록물 세부 정보란에 넣어야 하는 내용이 아닌지 검토하자. 또한 필요한 정보가 올라갈 수 있도록 시간이 날 때마다 등록물 정보를 꾸준히 업데이트하도록 하자.

예약 요청은 한 시간 이내에 답변하기

예약 요청을 받은 시점으로부터 답변할 수 있는 시간은 24시간 이내이다. 그러나 강조하건대 한 시간 이내에 답변할 것을 권한다. 답변이 늦어지면 예약도 놓치고, 긍정적 후기가 올라올 확률도 낮기 때문에 큰 타격을 줄 수 있다.

호스트가 여행이나 출장 중인 상황에서 인터넷 접속이 원활하지 않다면 예약을 관리할 수 있는 도우미나 인턴 직원을 두는 것도 좋다. 그들도 호스트와 동일한 답변 제공 수칙을 따르게 한다.

이 역할을 맡길 사람이 없다면 한시적으로 등록물 '숨기기' 옵션을 사용할 수 있다. 이렇게 하면 예약은 놓칠 수 있지만, 느린 응답 시간이나 낮은 응답률로 인해 등록물의 검색 결과가 타격을 받진 않기 때문이다.

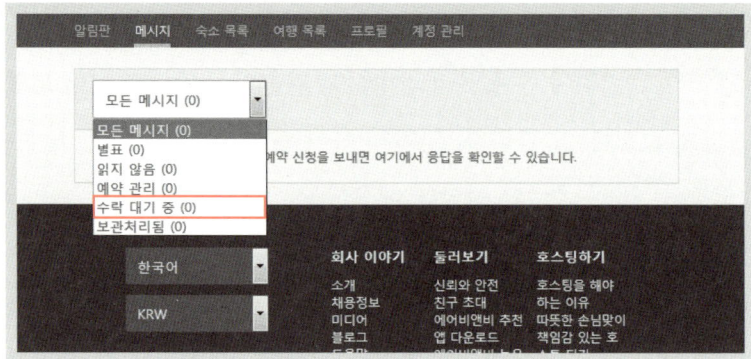

▲ 수시로 메시지 확인하는 것이 좋다

마지막으로 '수락 대기 중 Pending Requests' 메일함을 주기적으로 확인하여 놓친 메시지가 있는지 점검한다.

에어비앤비 시스템을 통하지 않은 지급 방식

에어비앤비 결제 시스템을 이용하지 않고 숙소에 도착해서 현금으로 이용료를 지불해도 되는지 문의하는 게스트들도 있다. 이렇게 하면 6~12퍼센트의 예약료를 내지 않아도 되기 때문에 게스트는 선호하게 마련이고, 호스트도 에어비앤비에 지불해야 하는 3퍼센트의 수수료를 생략해도 되니 끌리는 제안일 것이다.

분명 끌리는 제안인 것은 맞지만 다음의 이유로 이 방식은 절대로 이용하지 않길 바란다. 우선 어떤 서비스이든 이용하면서 수수료를 내지 않는 것은 비도덕적 행위이다. 에어비앤비라는 사이트가 없었다면 이와 같은 거래도 성사되지 않을 것이고, 에어비앤비는 게스트와 호스트를 연결해주는 중요한 서비스에 대해 타당한 보상을 받아야 한다. 둘째, 결제 시스템을 피하면 사이트에 피해를 주게 된다. 즉 비도덕적 관행이 뿌리를 내리기라도 하면 에어비앤비에 먹칠이 가해지고, 이는 잠재 호스트를 포함한 모든 이용자들에게도 좋을 것이 없다.

셋째, '현금 뒷거래'는 에어비앤비의 규정에 어긋난다. 사이트에 숙소를 등록한다는 것은 현금 뒷거래에 대한 금지 조항에 암묵적으로 동의한다는 의미이다. 이 규정을 위반할 경우 에어비앤비에서 영구적으로 퇴출될 위험에 처해진다.

마지막으로 에어비앤비 시스템을 통해 예약했을 때 제공되는 혜택이 있다.

- '에어비앤비 호스트 보증' 프로그램의 보호를 받는다.
- 게스트들이 쓰는 후기를 받을 수 있다.
- 게스트의 막판 취소로부터 보호를 받는다(호스트의 취소 정책에 따라 세부 내용은 달라질 수 있다).
- 에어비앤비는 발생하는 문제나 분쟁을 해결하는 데 도움을 제공한다.
- 게스트는 호스트의 후기를 의식해 숙소 규정을 존중하며 숙소를 보다 양심적으로 이용하게 된다.

쉽게 말해 에어비앤비 시스템을 통하지 않은 지급 방식은 삼가자. 이득될 것이 전혀 없다.

예약 확인 후 메시지 보내기

나는 예약을 확인하는 순간 바로 고객에게 다음 메시지를 전송한다.

존 님

예약해주셔서 감사드립니다. 만날 날을 기대하며 암스테르담에서 잊지 못할 추억 만드시리라고 확신합니다. 만족스러운 투숙 경험을 위해 다음의 내용을 포함한 모든 정보를 보내드리겠습니다.
- 집에 찾아오시는 방법
- 전자제품과 생활 용품 사용법
- 현지인이 소개하는 지역의 여러 명소 가이드.

중간에라도 질문이 있으시면 주저 말고 연락주십시오. 가장 빠른 연락 방법은 이메일(이메일 주소 기입)이나 전화(전화 번호 기입)입니다.

마지막으로 항공권을 예매하시고 구체적으로 일정을 정하셨다면 도착 시간과 이곳에서의 이동 수단에 대해 알려주십시오. 비행기로 오신다면 항공사와 항공기 번호도 알려주세요. 시간에 맞춰서 대기하기가 수월해집니다.

조심히 오시길 바랍니다.

재스퍼 드림

나는 게스트가 도착하기 대략 일주일 전 도착 일자와 시간을 확인하는 이메일을 보낸다. 또한 숙소로 여행 가방을 들고 오는 데 도움이 필요한지 여부도 묻는다.

이메일을 전송하는 즉시 내가 준비한 가이드북 한 부를 준비하고, 호스트 숙지 사항을 다시 한 번 검토한다. 새로운 게스트가 현지에 발을 들이기도 전에 세심히 준비하고 좋은 이미지를 전함으로써 기분 좋은 후기의 토대를 만들 수 있다.

이처럼 고객 서비스 가이드라인을 준수할 것을 권한다. 다른 호스트와 차별화된 강점이 되고 게스트가 특별한 대접을 받고 있다는 인상을 준다. 별도의 비용 지출 없이 최소한의 노력으로 게스트에게 환대와 편안함을 선사하는 '윈윈' 전략이다. 숙소 이용 기간 동안 문제가 발생하더라도 게스트가 부정적인 후기를 올릴 확률도 낮출 수 있다.

숙소 이용 기간 동안 게스트와 소통하기

게스트가 숙소에 도착하고 나서도 최상의 고객 서비스는 이어져야 한다. 숙소 이용 기간 내내 고객에 대해 계속해서 신경을 쓰는 것은 호스트의 임무이다. 체크인이 끝난 후에는 체크인 완료에 대한 확인 사항을 전달하고, 문제나 불편 사항이 있으면 바로 알려달라고 요청한다. 호스트는 자신이 인지할 수 있는 문제에 대해서만 해결점을 찾을 수 있다. 게스트가 숙소에 머무는 기간 동안 다음과 같은 편지를 직접 적어 보낸다.

존 님
소박한 저희 집에 안전하게 도착하셔서 다행입니다. 저희 집에서 즐거운 시간 보내시고 제 고향 암스테르담에서도 멋진 추억 만드시길 바랍니다. 머무시는 동안 문의할 게 있으시면 언제라도 연락해주십시오. 언제든 어떠한 문의 및 우려, 용건이 있으시면 이메일(이메일 주소 기입)이나 전화(전화 번호 기입)로 연락해주시면 됩니다. 그러면 최고의 시간이 되시도록 최대한 해드리겠습니다.
몸조심하시고, 즐거운 휴가 보내세요.

재스퍼 드림

감사의 메시지 전달하기

게스트가 떠난 후에는 다음과 같은 마지막 메시지를 보낸다.

존 님

암스테르담의 저희 집에서 만족할 만한 시간 보내셨길 바랍니다. 멋진 게스트로서 집을 단정하게 사용해주신 점 감사드립니다. 저는 항상 게스트들이 최고의 시간을 보낼 수 있도록 노력하고 있으니 해주실 말씀이나 제안이 있으시면 알려주세요.

저희 집에 머무는 시간이 즐거우셨다면 에어비앤비에 짧게 후기 남겨주시기를 부탁드립니다. 이런 후기는 추후 게스트들이 선택하는 데 도움이 될 만한 정보입니다. 미리 감사드립니다.

마지막으로 귀하에 대한 후기도 올렸습니다. 훌륭한 게스트이셨기 때문에 제가 강력 추천의 글을 하나 올렸습니다. 향후에 에어비앤비에서 숙소를 예약하실 때 호스트의 승낙을 받는 데 도움이 될 것입니다.

하시는 모든 일이 잘되시길 바라며 기회가 된다면 꼭 한 번 더 들러주십시오.

재스퍼 드림

위 편지에서 구체적인 피드백을 요청한다는 내용을 파악했을 것이다. 통계에 따르면 만족한 게스트의 경우 피드백을 줄 확률이 낮기 때문이다. 서비스 불만족 고객은 열 명의 지인에게 실망스러운 경험을 이야기하는 반면 만족한 고객은 다섯 명의 지인에게 자신의 경험을 소개한다는 연구 결과도 있다.

나는 좋은 후기에 비중을 두기 때문에 내 집을 이용한 고객들에게 후기를 요청하는 편이다. 만약 후기가 없으면 만족스러운 서비스 이용에 대한 내용이 남지 않고 내가 호스트로서 입지를 굳히는 데도 도움이 안 된다. 또한 고객 피드백으로 숙소의 향후 개선점에 대해 사소한 것이라도 파악할 수 있다는 장점이 있다.

CHAPTER 4 게스트

게스트와 문제가
발생하는 경우

별점 5개 수준의 컨시어지, 벨 서비스, 투어 가이드를 제공하는 완벽한 호스트에게도 문제는 발생할 수 있다. 어떠한 사업이든 문제 발생은 피해갈 수 없는 법이다. 문제가 발생하는 경우 마음을 가다듬으며 숨을 크게 들이마시고 눈을 감는다. 그리고 최대한 사태를 수습하는 것에 초점을 맞춘다. 숙소에 대한 안 좋은 후기가 올라오지 않도록 불미스러운 사태에 대해 게스트를 진정시키고 손해를 줄일 수 있는 전략을 고안한다.

물건 손상 혹은 파손이 일어났을 때

가정용품은 아무리 신제품이거나 최신 성능이라고 해도 결국 고장이 나서 작동을 멈추기 마련이다. 전구, 전자레인지, 진공청소기 등의 가정용품에는 정해진 수명이 있다. 따라서 가정용품이 작동을 멈춘다 해도 무조건 게스트의 탓으로 돌리지 않도록 한다. 손상된 상태를 고려한 후 수명을 다해서 기능이 떨어진 것은 아닌지 파악한다. 고객의 무책임하거나 부주의한 행동으로 야기된 손상이나 파손이 확실한 경우에만 문제 제기를 하도록 한다. 어떻게든 게스트로부터 보상을 받으려는 자세는 좋은 후기를 포기하겠다는 의미이다. 고객과의 작은 전투에서는 승리할 수 있어도, 큰 전쟁에서는 패배하는 셈이다. 따라서 꼭 필요한 경우에만 신중하게 보상비를 청구하자.

게스트의 잘못으로 숙소에 손상이나 파손이 가해졌다는 것이 명백한 상황이라면 해당 비용을 청구할 수 있다. 그런데 만약 의견 합의가 안 되어 고객이 보상액 지급을 거부하는 상황이라면 에어비앤비에 중재를 요청할 수 있다. 에어비앤비에서는 양측의 사실관계를 파악하고 자체 분석을 통해 결론을 내려줄 것이다. 내 경험상 에어비앤비의 중재 절차는 매우 공정하고 신속하다.

게스트가 불만이 있을 때

게스트마다 불만의 정도는 매우 다르게 나타난다. 소소한 문제로 트집을 잡는 사람도 있고, 집의 인테리어가 마음에 들지 않는다며 체크인을 한 이후에 바로 퇴실하는 이들도 있다.

이때 상황과 게스트에 따라 문제를 해결할 수도 있고 못 할 수도 있으며, 게스트의 감정을 누그러트릴 수도 있지만 누그러트리는 게 불가능할 수도 있다. 그런데 문제를 해결할 수도, 게스트를 만족시킬 수도 없는 상황이라고 해도 최소한 호스트로서의 명성에 누가 되지 않도록 대처해야 한다. 그 방법을 다음 항목에서 자세히 다루겠다.

해결 가능한 문제일 경우

문제가 발생할 때, 가장 먼저 해결 가능 여부를 가늠한다. 그리고 해결 가능한 문제라면 조치를 취해서 바로 해결하도록 한다. 해결 가능한 문제를 최대한 빨리 해결하는 순간 게스트는 불쾌해하지 않는다. 적절하고 신속하게 대처하는 호스트를 나무랄 게스트는 없다. 즉각 대처하는 호스트는 오히려 아무 문제가 없었던 숙소의 호스트에 비해 더 나은 후기 점수를 받는다!

토스터가 없는 상황

친절한 단체 게스트를 받은 적이 있었는데 그들은 아침에 식빵을 토스트로 만들어 먹을 수 없어 실망하는 모습을 보였다. 이 가족에게 토스트는 매우 중요한 아침 식사 메뉴였는지라 토스터가 없다는 점을 내게 바로 알렸다. 이때 나는 게스트의 만족을 최우선시했고, 마침 토스터의 가격도 꽤 저렴했던 터라 청소 아주머니에게 말해 그날 토스터를 바로 사줄 것을 부탁했다. 이를 통해 문제를 해결했고, 고객은 만족했다. 이는 향후 게스트들에게도 도움이 되는 토스터를 구비하는 좋은 계기가 되었다.

엑스박스 기기 고장

2012년 9월 네 명의 남자 대학생들을 호스팅할 기회가 있었다. 그들은 암스테르담을 여행하면서 비디오게임 내기도 하고 싶어 했다. 하지만 안타깝게도 내 엑스박스는 작동을 멈추었다. 그들의 연락을 받자마자 동네 전자 상점에 전화를 걸어 새로운 엑스박스를 주문했다. 고장 난 엑스박스를 새것으로 교체하자 당연한 듯 최고의 후기가 올라왔다.

추운 침실

어느 연인이 로맨틱한 시간을 보내기 위해 내 숙소를 찾았던 적이 있다. 그런데 집의 히터 중 하나가 작동을 하지 않아 춥다며 매우 불쾌해했다. 이때 어떻게 했겠는가? 즉각 수리 전문가를 보내서 문제를 해결하여 그 이후부터는 따뜻하고 편안한 여행이 되도록 했다.

해결 불가능한 문제일 경우

때로는 해결 불가능한 문제도 발생한다. 급하게 통지를 받아 시간이 부족하여 해결을 못할 수도 있지만 통제할 수 없는 외부적 원인으로 인해 손을 쓸 수 없기도 하다(서버 이상, 이웃의 소음 등).

이처럼 어찌할 수 없는 상황에서는 다음과 같은 조치를 취해보자.

- **불편을 끼친 점에 대해 게스트에게 진심을 다해 사과한다**. 호스트나 숙소와 무관한 문제더라도 일단 게스트의 마음을 헤아리고 있다는 점을 표현한다.
- **돈으로 급한 불을 끈다**. 근처에서 시끄러운 파티를 벌이고 있어 게스트가 귀마개가 필요한 상황이라면 소요 비용에 대해 돈을 지급한다.
- **부분적 환불을 한다**. 어느 정도의 비용을 환급할 것인지는 까다롭기도 하고 여러 변수에 의해 좌우된다. 그럼에도 불구하고 충분히 보상할 것을 제안한다. 단기적으로는 손해를 본 경험일 수 있으나, 좋은 후기는 건질 수 있지 않은가(최소한 부정적인 후기는 피해갈 수 있다).

다소 지나치다 싶은 제안이라고 생각할 수 있겠지만 장기적으로는 숙소의 수익을 꾸준히 이어갈 수 있는 최상의 방안이다. 무엇보다도 해결 불가능한 문제의 발생 빈도는 매우 낮기 때문에 성심성의껏 최선을 다해 문제를 해결함으로 인한 전체적인 경제적 손실은 미미하다. 그리고 적극적인 조치를 통해 부정적인 후기가 올라올 확률을 대폭 낮출 수 있으며, 부분적 환불을 제안할 경우 게스트들은 대체적으로 돈은 사양하며 오히려 그렇게 신경 써줘서 고맙다고 한다.

호스트로서 내 경험을 몇 가지 소개하겠다.

체크인 시점에 지저분했던 숙소

미국에서 온 두 커플을 호스팅 했을 때였다. 청소 예약과 관련하여 청소부와 소통이 어긋나는 바람에 게스트가 도착했을 때 숙소는 치워지지 않은 상태였다. 이로 인해 말할 것도 없이 게스트는 꽤 화가 나 있었다. 그날 오후 청소부가 도착하여 청소를 했지만 이미 엎질러진 물이었다. 그래서 게스트의 마음을 달래보고자 부분적 환불을 제안했고, 게스트는 기쁜 마음으로 환불액을 받았으며 부정적인 후기는 올라오지 않았다.

세탁기와 건조기 고장

관광객들이 내 집을 선호하는 한 가지 이유는 세탁기와 건조기가 '빌트인' 타입이기 때문이다. 이는 내가 사는 지역에서는 보기 드문 호사이다. 그런데 어느 날 게스트의 투숙 기간 중에 세탁기가 고장이 났다. 몇 군데 수리점에 전화해봤지만 투숙 기간 내에 수리는 불가능했다. 그래서 게스트는 빨랫감을 들고 근처 빨래방을 이용해야 했다. 이에 진심을 다해 사과하며 빨래방 이용료와 부분적 환불액을 제안했다. 그러자 게스트는 고맙다고 하며 비용에 대해서는 신경 안 써도 된다며 돈을 받지 않았다. 그리고 큰 불편함을 겪었던 게스트였지만 나쁜 후기는 올리지 않았다.

늦은 밤 현관문이 열리지 않는 상황

한번은 방학을 맞은 쾌활한 호주 대학생 팀을 호스팅했다. 이들은 내가 사는 지역의 밤에 놀거리가 다양하게 있다는 사실에 흥분하며 맛집과 호프집 탐방에 나서기도 했다. 그런데 술에 취해 집으로 돌아온 밤, 현관문을 제대로 열지 못했다. 나와 청소부에게 전화를 걸었지만 워낙 늦은 시간이라 전화를 받지 못했다. 하는 수 없이 그들은 근처 호텔에서 하룻밤을 보내게 되었다. 그다음 날 나는 숙소로 가서 그들을 들어오게 했다. 그런데 예상 외로 자물쇠나 열쇠에는 전혀 문제가 없었다. 술에 취한 게스트가 열쇠를 제대로 돌리지 못해서 발생한 문제였다. 그러나 나는 자물쇠의 문제가 아니었음에도 호텔 비용을 지불하겠다고 제안했고 결국 그들은 제안 금액의 절반을 받겠다고 했다. 그들은 모든 항목에서 별 다섯 개를 주고 최고의 후기를 써주었다.

중도 체크아웃을 원하는 고객 상대하기

아무리 집이 깨끗하고 정리정돈이 잘되어 있어도 숙소가 지저분하다고 불평하는 게스트를 마주할 수 있다. 이러한 경우 몇 가지 대안을 고려한다. 그중 한 가지 대안은 불평하는 게스트가 부정적인 후기를 안 쓰도록 유도할 수 있을 정도의 환불액을 제안하는 것이다. 이때 금액은 호스트가 재량껏 정할 수 있는데, 부정적인 후기와 지불액을 놓고 저울질하면 될 것이다. 사실 이런 불미스러운 상황은 자주 발생하지 않기 때문에, 최대한 호스트의 명성 유지와 미래의 순익을 지킬 수 있는 방안을 찾는 것이 상책이다.

환불액 지급하기

게스트에게 환불액을 지급하는 방식은 두 가지다. 첫째, 게스트가 체크인 전에 예약을 취소하는 경우 [환불하기 Issue Refund] 버튼을 클릭하면 된다. 이 방식을 통해 호스트의 취소 정책에 따라 게스트가 내야 하는 금액의 초과분은 자동 환불 처리된다. 3퍼센트의 호스트 수수료도 청구하는 최종금액에 따라 조정된다.

    기타 환불액에 관해서는 '분쟁해결 툴 Resolutions Tools'을 사용하면 된다(분쟁해결 센터 Resolution Center에서 이용 가능). 해당 예약 건을 선택하고 호스트가 원하는 만큼의 환불액과 통화를 입력한 후, 게스트에게 단문 메시지를 보낸다. 모든 환불액은 액수를 이미 정했으면 변경 불가능하고 현재 시점에서 과거 30일까지의 예약 건에 대해서만 툴을 이용할 수 있다.

게스트의 피드백

게스트로부터 피드백을 받는 것은 호스트로서의 성공에 매우 중요한 요소가 된다. 실시간 피드백을 참고하여 등록물을 개선하는 것도 게스트의 만족을 높이는 최상의 방법이다. 게스트로부터 피드백을 받을 수 있는 몇 가지 방법을 소개한다.

후기

호스트의 집을 이용한 모든 게스트에게는 후기를 남길 수 있는 선택권이 주어진다. 칭찬과 감사 일색인 후기만 받으면 더할 나위 없이 좋겠지만, 솔직함과 선의에 기반을 둔 건설적인 비판이 올라오면 반드시 마음에 새기도록 한다. 이런 피드백이 없으면 숙소를 지능적으로 개선할 수 없다. 엄한 후기에 마음 상하기보다는 필요한 개선점을 배워 나간 좋은 기회였다고 받아들이자.

비공개 피드백

에어비앤비에서는 게스트에게 비공개 피드백을 남길 수 있는 선택권을 제공한다. 호스트만 볼 수 있는 개인적인 메시지가 이에 해당한다. 실제로 약간의 불만 사항을 공공연히 드러내어 호스트의 명성을 저해하기보다는 이런 비공개 피드백을 통해 언급하는 게스트가 많은 편이다. 숙소 개선을 위해 게스트에게 적극적으로 피드백을 받고 싶은 호스트는 비공개 피드백을 요청해도 좋다.

고객에게 피드백 요청하기

게스트가 떠난 후 감사 메시지를 보낼 때 피드백을 요청한다. 게스트의 만족도를 지속적으로 높이고자 한다는 취지를 밝히며 사소한 피드백도 감사히 여긴다는 점을 피력한다.

피드백을 진지하게 고려하기

피드백은 분명 소중한 정보지만 실천으로 이어지지 않으면 무용지물이다. 게스트의 생각과 불만 사항에 귀 기울임으로써 개선점을 이행해나갈 수 있다. 고객의 피드백을 접할 때는 자신의 아집은 버리는 편이 좋다. 아무리 훌륭한 숙소라고 자부해도 개선해야 할 곳이 없을 리 만무하기 때문이다. 게다가 사람마다 관점과 성격이 다르므로 평가 기준도 다를 수밖에 없다. 게스트의 제안을 지나치게 호스트의 개인적인 잣대로 받아들이지 않도록 하자.

예약
수락하기

사람들이 가장 많이 하는 질문은 "생전 처음 보는 사람들이 집에 와서 마구 어질러놓으면 어쩌려고 하나요?"이다. 그런데 솔직히 말해 전혀 걱정하지 않는다.

게스트 선택하기

에어비앤비에서는 호스트에게 100퍼센트 독립적이고 주관적인 기준으로 예약을 수락하거나 거부할 수 있는 권한을 제공한다. 예약을 거부한다고 벌점을 매기지도 않는다. 그러나 거부를 자주하다 보면 '수락률(Acceptance Rate, 호스트가 예약 신청을 수락한 비율과 사전 승인한 예약 문의의 비율을 합친 비율―옮긴이 주)'에 영향이 가해질 수도 있는데 이 '수락률'은 에어비앤비가 검색 순위를 산정할 때 고려하는 기준이기도 하다. 따라서 이 방식은 필요할 때 활용하되 너무 자주 사용하지는 않도록 한다.

    개인적으로 노년 부부가 오거나 은퇴한 가장이 가족들과 함께 오는 경우를 선호한다. 이와 같은 두 가지 부류의 여행객은 점잖고 튀는 언행도 삼간다. 실제로는 나이 어린 파티광 단체 게스트가 많은 편이지만 그렇다고 해도 큰 상관은 없으며, 어떤 부류의 게스트이든 맞이할 준비가 되어 있다. 단 광란의 파티나 늦은 시간까지 야식을 즐기는 런던 출신의 혈기왕성한 젊은 친구들이 단체로 예약 문의를 할 때는 신중을 기해 그들에 대한 조사를 하는 편이다.

잠재 게스트에 대해 가장 빠르고 쉽고 확인하려면 프로필을 보면 된다. 본인 인증과 그들에 대한 후기를 찾아봐도 좋다. 그런데 잠재 게스트에 대한 후기가 없다고 해서 신뢰할 수 없다는 의미는 아니다. 에어비앤비를 처음 접하는 매너 좋고 책임감 있는 성인일 수도 있기 때문에 괜한 우려는 삼간다. 단 에어비앤비의 신규 이용자라고 판단될 경우 어떠한 사람인지 직접 알아보는 것도 좋다. 예를 들어 '채팅창 discuss'을 이용하여 잠재 게스트와 대화를 시도할 수도 있다. ❶호스트의 도시를 방문하려는 이유, ❷동반 인원 수, ❸도착해서 하고 싶거나 보고 싶은 것들, ❹여유 시간에 해 보고 싶은 활동 등 투숙과 관련된 적절한 질문을 하면 된다.

'즉시 예약' 기능 활용하기

게스트가 [즉시 예약 Instant Book]을 할 수 있도록 호스트가 설정해놓을 수 있기 때문에 잠재 게스트는 이 버튼을 눌러 즉각적으로 예약할 수 있다. 즉 호스트가 승인을 내려줄 때까지 게스트가 기다릴 필요가 없다는 의미이다. [즉시 예약] 버튼을 클릭하는 순간 예약이 완료된다.

▲ 에어비앤비 [즉시 예약] 기능

 이 기능을 사용할 때 즉시 예약한 사람을 필터링하는 두 가지 방법이 있다. 첫째, 특정 게스트에 대해 그동안 호스트들이 적은 후기를 살피며, 게스트에 대한 전반적인 평가를 살펴본다. 두 번째로는 [즉시 예약] 버튼을 바로 누르지 않고 3일 혹은 7일 정도 고민할 수 있는 '사전 통지 기간 advanced notice period' 기능을 설정해둘 수 있다.

에어비앤비 호스트 보증

에어비앤비 호스트 보증 Airbnb Host Guarantee 은 게스트가 다녀간 뒤 물건이 분실되거나 집이 망가지거나 했을 때 최대 10억 원까지 호스트에게 돌려준다는 내용이다. 이는 간단하지만 가장 확실한 설명이다.

대부분의 게스트는 착한 게스트!

오랜 세월 호스트로 경험을 쌓으면서 대부분의 게스트가 숙소를 매너 있게 주인의식을 갖고 사용한다는 점을 깨달았다. 대부분 사람들은 선하다는 결론이다. 지금까지 매우 만족스러운 경험을 했고, 불미스러운 심각한 문제도 전혀 없었다. 따라서 미지의 세계에 대한 우려로 돈을 벌 수 있는 좋은 기회를 놓치지 않았으면 한다.

개인실을 임대할 때의 요령

개인실을 임대하는 호스트의 경우 게스트와 공유하게 되는 공간이 있을 것이다. 개인실을 임대하는 것은 집 전체를 임대하는 것과 비교했을 때 장점이 몇 가지 있다. 우선 게스트와 개인적으로 친하게 될 시간이 더 많아진다. 또한 질문이나 문의가 있으면 바로 답변하거나 조언해 줄 수 있다는 장점도 있다. 또 홈메이드 식사를 대접하여 감동을 선사할 수도 있다. 이때는 요리하기 쉽고 호불호가 크지 않은 아침 식사 대접을 권장한다.

그러나 아무리 대접을 잘한다 해도 몇 가지 주의해야 할 점이 있다. 우선 게스트에게 예측불허한 상황이 발생하지 않도록 명확하게 소통한다. 호스트가 친구들을 집으로 부를 계획이 있는지, 특정 시간대에 조용하게 있어야 하는 소음 관련 수칙이 있는지, 게스트가 머무는 동안 집에서 있을지 등에 대한 내용을 알려준다. 이렇게 하면 혹시 모를 불쾌한 상황이나 문제를 예방할 수 있다.

게스트와 친분을 쌓기 위해 노력하는 태도는 바람직할 수도 있지만 호스트와 게스트의 관계라는 점을 잊지 않아야 한다. 게스트의 심중을 파악한 후 그에 맞게 언행하자. 숙소 이용 기간 동안 간섭을 원하지 않는 게스트들도 있다. 이렇게 혼자만의 시간을 선호하는 내성적인 게스트들에게 지나친 친절은 과유불급이다. 또한 게스트의 프라이버시를 존중하여, 그들이 머무는 방에 들어가기 전에 반드시 노크한다. 그리고 호스트는 집에서도 노출이 과하지 않은 복장을 유지한다.

Special Story

조던의 이야기

2012년 워싱턴 DC에서 가족과 떨어져 혼자 살다가 캘리포니아의 로스앤젤레스로 이사하기로 결정했다. 가족이 미국 서부로 이사를 한 상태라 가족과 가까이에서 지내고 싶었던 탓이다. 게다가 LA는 날씨도 좋고 밤에 놀 수 있는 곳이 많은 지역이라 쉽게 이사를 결정할 수 있었다.

LA에 도착하자 아파트 임차료가 생각보다 많이 저렴해서 깜짝 놀랐다. 워싱턴 DC에 비해 부동산 가격이 훨씬 낮았기에 혼자 살기 위한 2인실 아파트를 월세로 임차할 수 있었다. 2인실 중에 하나는 내가 쓰고, 나머지 한 방은 회사 프로젝트를 위한 업무실로 만들거나 필요에 따라 다른 지역에서 오는 친구들을 위한 손님방으로 사용하면 되겠다 싶었다.

어느 일요일 오후 스포츠 바(술을 마시면서 텔레비전으로 스포츠 경기를 시청할 수 있는 술집 — 옮긴이 주)에서 워싱턴 DC에서 온 친구들 두 명과 축구 경기를 시청하고 있었다. 이때 두 친구 중 한 명이 줄리안이라는 친구를 소개해줬다. 그 친구는 일주일 정도 LA에 머문다고 했는데 세계 여행을 하는 줄리안은 딱히 집이 없고 늘 이곳저곳을 다닌다고 했다. 대화가 무르익자 그는 에어비앤비에 대한 이야기를 시작했다. 자신이 여행할 때 그 서비스를 이용하면서 더 이상 호텔이나 호스텔(배낭여행객 등 개별 관광객의 숙박에 적합한 시설로서 샤워장, 취사장 등의 편의시설과 외국인 및 내국인 관광객을 위한 문화·정보 교류 시설 등을 함께 갖추어 이용하게 하는 시설 — 옮긴이 주)을 이용하지 않는다고 했다. 귀가 솔깃해지는 서비스였다. 전 세계를 저렴한 비용으로 즐겁게 탐방할 수 있을 것 같았다. 그날 집에 돌아오자마자 에어비앤비 서비스에 대한 폭풍 검색을 시작했다. 처음에는 게스트로서 서비스를 이용하는 것에만 관심을 두고 호스팅에는 그다지 신경을 쓰지 않았는데 어느 순간 사용하지 않은 방 하나를 임대해서 용돈벌이를 할 수 있겠다는 생각이 들었다.

내 지역의 여러 등록물을 검토한 후 정성스럽게 프로필을 만들었다. 상세한 설명을 곁들인 멋진 사진도 여러 장 게재했다. 그 순간 자영업자의 대열에 들어서고 있다는 생각이 들었다.

에어비앤비 서비스를 활용한 후부터 놀라운 결과에 만족하고 있다. 매달 개인실 사용 문의가 수십 건씩 쇄도한다. 단 내가 원하는 게스트에 한해서 예약 문의를 수락한다. 원치 않으면 거절할 수 있다. 이 서비스를 통해 숙소 이용률이 30퍼센트 미만일 때도 월세의 절반가량을 충당할 수 있었다. 마음만 먹으면 월세의 100퍼센트를 임대료로 채울 수도 있었다. 그런데 그렇다고 게스트를 최대한 늘리려고 애쓰진 않는다. 감당할 수 있고 부담이 안 갈 정도로만 예약을 받는다. 나는 아직까지도 에어비앤비를 통해 생겨나는 수익이 보너스처럼 느껴진다.

수익 외에도 재미있는 여러 사람들을 알게 되어 큰 보람을 느낀다. 내가 직접 게스트를 선택할 수 있기 때문에 주로 나와 잘 맞을 만한 사람들을 선택한다. 지금은 유럽, 아시아, 남미의 여러 게스트들과 친구가 되었다. 이제는 그곳에 있는 친구들을 만나기 위해 여행을 몇 차례 다녀올 생각이다. 에어비앤비는 내게 많은 것을 선사하는 뿌듯한 경험이다.

Chapter 5
고객의 피드백

서비스 산업의 근간은 고객의 피드백이다. 호텔, 식당, 개인 트레이너, 의사, 부동산 중개인, 과외 교사를 비롯한 서비스 업종은 고객의 피드백으로 흥하기도 하고 망하기도 한다. 전 세계가 그 어느 때보다 상호 연결되어 있고 소셜 미디어가 일상의 면면에 들어오면서 고객의 피드백이 갖는 위력은 굉장히 커졌다. 광고나 마케팅도 고객의 마음을 좌우하는 중요한 수단이지만, 사이버 세상에서는 무엇보다도 입소문이야말로 사업의 성공을 판가름하는 잣대로 자리매김했다.

에어비앤비의 후기 작성 기능/후기 작성 시스템은 호스트에게 높은 수익을 올리는 기회가 될 수 있다. 그러나 처음 맞이하는 게스트를 소홀히 대하면 인기 없는 평범한 숙소로 전락하거나 아예 찾는 게스트가 없을 수도 있다. 반대로 정성과 노력을 기울여 초기 게스트들을 대한다면, 호스트의 명성은 굳건하게 자리 잡고 안정적인 수익이 보장된다. 초기에 실력 발휘를 잘하면 장기적으로 높은 수익을 거둘 수 있다는 의미이기도 하다.

후기를 통해
얻는 이득

호스트로 걸음마를 떼는 시점에서 급선무는 최대한 많은 후기가 올라오도록 하는 것이다. 많은 후기를 통해 얻는 이득은 세 가지로 설명할 수 있다.

첫째, 검색 순위에서 상단에 위치한다. 에어비앤비의 등록물 검색 순위 결정 기준이 바로 후기의 개수이다. 좋은 후기가 늘어나면 호스트의 도시와 지역에서 등록물의 검색 순위가 올라간다.

둘째, 잠재 게스트의 클릭 수가 증가한다. 등록된 숙소가 점차 늘어나면서 사이트 이용자들은 주로 사진과 그 외 몇 가지 정보를 훑어본다. 이때 시선을 사로잡는 한 가지 정보는 바로 후기의 개수인데, 가격이 표시된 부분 아래에 나와 있다.

▲ 가격 아래에 표시된 후기 개수

좋은 후기가 쌓이고 쌓이면, 사이트 이용자들은 호기심에 해당 등록물을 클릭하고 싶어진다. 많은 사람들이 보편적으로 선호하는 제품의 품질이 좋다고 인식하는 '사회적 증거의 법칙' 때문이다. 사람들은 본능적으로 인기 있는 제품과 서비스를 향하고, 후기가 몇 개 없는 썰렁한 등록물에 대해서는 평균 미달의 수준일 거라고 어림짐작한다.

셋째, 문의가 예약으로 전환되는 비율 증가이 증가한다. 좋은 후기는 성사되는 예약 수를 높이기도 한다. 좋은 후기가 넘쳐 나면서 신뢰도도 높아지기 때문에 대부분 게스트가 별다른 의심 없이 후기가 많은 등록물을 선택한다.

CHAPTER 5 고객의 피드백

에어비앤비의
후기 작성 시스템

에어비앤비의 후기는 두 가지로 구성된다. ❶여섯 가지 카테고리에 대해 별표 5점 척도를 기반으로 하는 '별점Star ratings', ❷게스트가 경험한 내용을 요약하여 직접 적는 후기이다.

별점

별점은 여섯 가지 카테고리, 즉 ❶정확성Accuracy, ❷위치Location, ❸커뮤니케이션Communication, ❹체크인Check in, ❺청결도Cleanliness, ❻가격Value 으로 평가한다.

후기 164개 ★★★★☆			
요약	정확성 ★★★★★	위치 ★★★★★	
	커뮤니케이션 ★★★★★	체크인 ★★★★★	
	청결도 ★★★★☆	가격 ★★★★☆	

▲ 여섯 가지 카테고리별 별점

이 중 네 가지는 호스트의 재량으로 충분히 높일 수 있다. 즉 네 가지 기준만큼은 별점 5점을 받아야 한다는 각오를 하라. 정성을 다해 게스트를 대접하면 충분히 5점을 얻을 수 있다. 5점 미만이라면 호스트가 무언가 실수나 잘못을 했다는 의미이다. 카테고리별로 높은 점수를 얻을 수 있는 몇 가지 조언을 소개한다.

정확성

사이트에 게재된 등록물과 실제 숙소가 얼마나 일치하는지 여부를 묻는 항목이다. 숙소의 실제 모습과 분위기가 사진에서 제대로 묘사되었는가? 게스트가 이용할 수 있는 가전제품과 사용가능 물품/시설이 사이트에서 설명한 것과 동일했는가? 밤에 갈 만한 장소와의 근접성 정보는 정확했는가? 게재된 등록물이 최대한 사실을 반영하도록 한다. 지킬 수 없는 약속은 하지 않는다.

위치

이 카테고리는 호스트의 통제 밖에 있다. 위치야말로 진정 복불복인 셈이다. 그렇다고 별점을 높이기 위해 헬리콥터나 공사장 인부를 이용하여 집을 도시 한복판으로 끌어갈 수도 없지 않은가. 그런데 열악한 위치라도 게스트에게 필요한 교통, 식당, 밤에 갈 만한 곳, 관광지 등에 대해 완벽한 정보를 제공한다면 충분히 즐거운 투숙 기간을 보장할 수 있다. 단 관련 정보를 전달할 때는 게스트를 위해 상세하고 체계적으로 가이드북을 만들 것을 제안한다. 가이드북의 제작에 관한 내용은 2장의 '맞춤식 가이드북 만들기'를 참조한다.

커뮤니케이션

게스트와의 커뮤니케이션은 투숙 전과 후, 그리고 투숙 동안에도 이어진다. 호스트의 응답이 신속하고 연락이 두절되지 않도록 해야 원활한 커뮤니케이션이 가능하다. 커뮤니케이션에 관한 자세한 내용은 4장에서 소개한 '게스트와의 커뮤니케이션'을 참조한다.

체크인

체크인은 간단한 절차이지만 제대로 처리하지 못하면 숙박 경험 전체에 큰 오점을 남길 수 있다. 갓 도착한 게스트는 장기간의 여행을 마치고 지친 상태일 수 있다는 점을 항상 염두에 둔다. 그런데 이런 게스트가 체크인에 문제가 생겨 문 밖에서 불필요하게 기다려야 한다면 게스트의 노여움은 불 보듯 뻔하다. 자세한 내용은 1장의 '체크인' 부분을 참조한다.

청결도

청결도는 5성급 호텔 수준을 목표로 한다. 따라서 숙소의 모든 공간에 티끌 하나 없어야 한다. 청결도 카테고리에서 낮은 점수를 받은 호스트는 반드시 게스트에게 어디가 청결하지 않았는지 구체적으로 알려줄 것을 요청하라. 이렇게 청결하지 않은 부분에 대해 파악한 후에는 즉시 행동으로 옮긴다. 청소에 관한 내용은 1장의 '정기적인 숙소 청소'를 참조한다.

가격

이 카테고리는 별점의 편차가 심하지 않을 듯하지만 실제로 평가 결과를 정확하게 파악하고 개선하기가 쉽지 않다. 호스트가 가격에 서만큼은 5점을 받겠다고 다짐했다고 가정해보자. 그런데 실제로 이 부분에서 점수가 천편일률적으로 높다는 것이 그다지 좋은 의미는 아니라는 점을 강조하고 싶다. 이 부분의 점수가 늘 별점 5점이고, 예약률이 80퍼센트가 넘는다면 숙소 이용료가 지나치게 낮은 것은 아닌지 생각해봐야 한다. 만약 낮다고 판단하면 이용료를 올려라. 일단 10퍼센트를 올려본 후 예약률이 하락하진 않는지 파악하라. 10퍼센트 상향 조정을 해도 여전히 예약률이 높다는 것은 호스트가 최대의 순익을 창출하고 있다는 의미이다. 가격을 상향하는 과도기에서 일시적으로 '가격' 카테고리의 점수가 낮아져도 크게 개의치 않아도 된다. 잠시 동안만 점수가 낮은 것이며, 검색 결과 순위에 미치는 영향은 미미하기 때문이다.

게스트가 남기는 후기

게스트가 후기를 적을 수 있는 후기란은 지극히 개인적인 방식으로 게스트가 자신의 경험을 설명할 수 있는 기회를 제공한다. 즉 자신만의 표현 방식으로 다른 게스트들에게 정보를 전할 수 있는 발언권이 부여되는 장소이다. 잠재 게스트가 가장 먼저 보는 것은 별점일 수 있지만 꼼꼼한 소비자들은 후기란의 글을 숙독하며 자신만의 판단을 내리는 편이다. 따라서 별점 평가에 참여할 뿐 아니라 후기도 작성해줄 것을 게스트에게 요청하도록 한다.

좋은 후기를 받는 방법

개인적으로 최고의 호스트가 되기 위해 각고의 노력을 쏟아부었다. 내 숙소가 높은 점수와 칭찬 일색의 후기로 가득한 것을 보면 내 숙소를 거쳐 간 게스트들이 내 노력을 인정해준 것 같다. 사실 12개월 중 10개월을 해외에서 보내기 때문에 게스트를 직접 만나볼 기회가 거의 없다. 그러나 엄선하여 고용한 책임감 있는 숙소 관리인이 있어서 매우 높은 실적을 기록할 수 있었다.

무엇보다도 게스트와 두터운 신뢰를 쌓았다면 훌륭한 후기는 따놓은 당상일 것이다. 그렇다면 어떻게 게스트의 신뢰를 얻을 것인가? 최고의 호스트가 되면 된다. 1장부터 4장에 걸친 내 조언대로만 한다면 좋은 후기를 받을 확률은 매우 높다.

숙소를 깨끗한 상태로 만들기

1장의 '정기적인 숙소 청소' 파트에서도 언급했지만 먼지 하나 없는 숙소로 만들라. 청소만큼은 돈을 아끼지 않아야 한다. 오히려 웃돈을 주고서라도 완벽하게 한다. 비용을 추가 지불하고라도 고급 청소부를 고용한다고 아까워하지 않길 바란다. 비용 지출이라기보단 투자 비용으로 간주하라. 또한 집이 완벽하게 깨끗했을 때 좋은 점은 사용하는 사람도 정돈된 상태를 유지하기 위해 집을 심하게 어지르거나 파손하는 일이 거의 없다는 것이다.

모든 물품이 정상적으로 작동되는지 확인하기

에어비앤비 사이트에서 호스트가 게재하는 숙소의 모든 사용가능 물품/시설, 가전제품은 정상적으로 작동되어야 한다. 게스트는 호스트가 사이트에 언급한 모든 내용이 사실임을 예상하고 숙소의 문을 두드린다. 따라서 물품이나 제품의 고장이나 누락 여부를 점검한다. 주기적으로 점검해야 하는 물품 항목은 다음과 같다.

- 난방 장치
- 샤워기
- TV
- 에어컨
- 부엌 가전제품
- 인터넷 와이파이

게스트에 대해 좋은 후기 남기기

앞서 언급했듯이 숙소를 찾는 게스트의 발길이 끊이지 않게 하는 유일한 비법은 좋은 후기가 꾸준히 올라오게 하는 것이다. 그리고 고객들에게서 이런 좋은 후기를 받으려면 무엇보다도 호스트가 먼저 게스트에 대해 좋은 후기를 올리는 것이 효과적이다.

　게스트에 대한 후기를 올릴 때 세 가지 카테고리에서 고객에 관한 피드백을 제공할 수 있다. 즉 ❶ 청결도Cleanliness, ❷ 커뮤니케이션Communication, ❸ 숙소 규칙 준수하기Observance of House Rules이다. 나의 원칙은 특별히 심각한 불만 사항이 없는 경우 모든 게스트에게 별점 5점을 주는 것이다. 또한 다른 호스트들에게 해당 게스트를 추천할 것인지에 대한 질문에 '네'를 선택한다. 그리고 마지막으로 멋진 게스트 후기를 남긴다. 대체적으로 체크아웃이 끝나자마자 후기를 올리는 편이다.

이외에도 개별 게스트에게 개인 메시지를 보내기도 한다. 다음은 개인 메시지의 예시이다.

존 님
훌륭한 게스트로 제 숙소를 이용해주셔서 감사드립니다. 암스테르담에서 좋은 시간 되셨기를 바랍니다. 혹시라도 향후에 제 숙소를 다시 이용하길 계획하신다면 제게 알려주시길 부탁드립니다.

재스퍼 드림

P.S. 훌륭한 게스트이신 존 님께 최고의 후기를 남겨드렸으니 향후 에어비앤비에서 예약하실 때 도움이 되길 바랍니다.

메시지를 보낼 때는 게스트에 대해 매우 긍정적인 후기를 게재했다는 사실을 언급하라. 게스트가 후기를 올려야만 자신에 대한 호스트의 후기를 볼 수 있도록 되어 있기 때문에 이 사실을 반드시 알려야 한다.

후기 요청하기

호스트의 첫 번째 후기 작성 요청을 받고 나서도 게스트가 후기를 작성하지 않는다면 일주일 정도 기다린 후 2차 메시지를 보낸다.

존 님

혹시라도 제 숙소에 대한 후기를 남기는 것을 잊으신 것은 아닌가하여 이렇게 글을 남깁니다. 에어비앤비 호스트들에게 후기는 생명줄과 같습니다. 저도 호스트로서의 명성을 이어가는 데 후기에 많이 의존합니다. 또한 후기를 통해 숙소를 개선하기 위해 존 님이 갖고 계신 어떠한 제안이나 피드백도 감사히 받고자 합니다.

제가 존님에 대한 후기는 사이트에 올렸습니다. 숙소 사용을 너무나 잘해주셨기에 모든 항목에서 최고의 점수를 드렸습니다. 향후 예약하실 때 도움이 되길 바랍니다. 다시 한 번 감사드립니다.

재스퍼 드림

게스트가 체크아웃 뒤 14일 이내에 후기를 남기지 않으면 후기를 남길 수 있는 기회가 사라진다. 따라서 12일이 지나도 후기가 없으면 마지막 메시지를 보내 설득을 시도한다.

존 님

잘 지내시는지 궁금합니다. 이전에 제 숙소에 대한 후기를 남겨주십사 몇 차례 메시지를 보내드렸는데요. 게스트는 체크아웃 시점에서 14일 이내에 후기를 남길 수 있고, 그 기한이 곧 다가오고 있다는 점을 알려드리고자 합니다. 숙소의 이용 경험에 대해 몇 마디 좋은 글을 남겨 주시면 매우 감사하겠습니다.

다시 한 번 감사드립니다.

재스퍼 드림

부정적인 후기
대처 방법

최고의 고객 서비스로 무장한 숙소의 최고로 훌륭한 호스트라고 해도 모든 게스트를 만족시키기란 불가능하다. 그렇기 때문에 머무는 동안 호스트가 어찌할 수 없었던 몇 가지 문제에 대해 지적하는 후기를 올려 자신의 불쾌한 경험을 폭로하는 불만스러운 게스트를 직면할 때도 있다. 자신의 숙소 브랜드에 가해지는 먹칠을 최소화하려면 부정적인 후기가 게재되자마자 조치를 취해야 한다.

부정적인 후기에 진지하게 대응하기

부정적인 후기를 '나 몰라라' 해서는 안 된다. 비판을 정면 돌파하라. 전혀 터무니없는 불만은 존재하지 않는다. 게스트의 불만이나 불쾌함 이면에는 항상 그에 상응하는 이유가 있게 마련이다. 따라서 호스트는 정확하게 불만 사항을 파악하고 향후에 어떻게 개선할 수 있는지 고민한다. 괜한 아집을 부리면서 쓴소리를 무시한다면 숙소를 최상의 상태로 업그레이드할 기회를 놓칠 수 있다.

답글 남기기

호스트는 자신의 등록물에 대해 올라온 안 좋은 후기를 삭제할 수는 없지만 답글을 통해 응대할 수는 있다. 에어비앤비에서는 호스트가 답글을 쓸 수 있는 기간을 2주로 정해두었다. 답글은 모든 부정적인 후기에 반드시 달 것을 권한다. 향후 게스트들이 한쪽 이야기만 듣지 않고 호스트의 입장도 파악할 수 있는 좋은 기회가 된다.

답글을 적을 때는 변명처럼 들리도록 하지 않고, 무엇보다도 어떠한 불편 사항에 대해서이든 사과부터 하며 이 사항에 대해 호스트가 진지하게 고려한다는 점을 게스트가 인지하도록 한다. 또한 관련 문제를 즉시 해결하여 앞으로는 문제시되지 않을 것이라는 점도 명확히 한다. 마지막으로 만족하지 못한 게스트를 다시 호스팅하고 싶고, 게스트가 동의한다면 가격 할인을 제공하고 싶다는 의향도 피력한다. 이처럼 문제가 발생할 때 선의를 갖고 문제를 해결하려는 모습을 보이면, 최고의 고객 서비스를 제공하려는 호스트의 의도를 전할 수 있다. 다음은 부정적인 후기의 예시이다.

> 숙소에 매우 실망했어요. 샤워기도 청결하지 않고, 수건도 부족하고, 밖이 하도 시끄러워서 밤에는 잠을 설쳤습니다. 다시는 머물고 싶지 않네요.
> 존 드림

이러한 후기를 보게 된다면 언급된 모든 사항에 대해 하나씩 답변해야 한다. 여기서 특히 세 가지 점을 지적했는데 바로 ❶ 샤워기의 청결도, ❷ 수건의 개수, ❸ 밤의 소음 수준이다. 이에 대해 진심

어린 사과를 하고, 다음에 또 모시고 싶다는 의사도 밝히는 것이 좋다. 예시 답글은 다음과 같다.

존 님

계시는 동안 많이 불편하셨다니 사과의 말씀을 드립니다. 호스트로서 항상 최고를 지향하는데 존 님의 기대 수준에는 미치지 못해 개인적으로 매우 아쉽습니다. 앞으로도 제 숙소를 찾는 게스트들의 경험을 개선하고자 여러 방법에 대해 고민할 것입니다. 이렇게 피드백을 주신 점 감사드립니다.
후기를 읽고 나서 말씀하신 모든 사항을 수정하고자 숙소의 관리인과 청소부를 만나 대화를 나누었고, 다음과 같은 조치를 취했습니다.
- 샤워기에 대해 각별히 신경 쓸 것을 청소부에게 일러두었습니다.
- 화장실 수건은 네 개를 추가로 비치해 두었습니다.
- 향후 저희 집을 방문하실 게스트들을 위해 일회용 귀마개를 여러 개 구입했습니다.

귀하의 경험이 만족스럽지 못한 점을 고려하여 다시 한 번 모실 수 있는 기회가 있었으면 합니다. 혹시라도 재방문을 결정하신다면 이용료에서 50퍼센트 할인을 해드리겠습니다.
감사드리며, 다시 한 번 사과드립니다.

재스퍼 드림

위의 답글을 통해 두 가지 내용을 전달할 수 있다.

- 존의 불만 사항에 대해 호스트로서 전적인 책임을 진다는 내용
- 즉각적으로 문제 해결을 위한 조치를 취했다는 내용

쉽게 말해 단도직입적이고 허심탄회한 답글을 통해 게스트의 경험을 중시하는 호스트의 태도를 나타낸다. 물론 부정적인 후기가 빈번하다면 이야기는 달라질 수 있을 것이지만 이런 정성어린 답변

을 통해 후기의 부정적 여파도 줄일 수 있다. 심지어 난감한 상황일지라도 제대로 조치를 취할 수만 있다면, 오히려 호스트로서 이전보다 나은 명성을 누릴 수도 있다.

CHAPTER 5 고객의 피드백

Special Story

크리스토퍼의 이야기

우리 부부는 시카고에서의 삶에 대한 로망이 있었다. 시카고에는 즐길 거리도 풍부하고 특히 시카고의 여름은 에너지가 넘치고 신나는 분위기로 가득하기 때문이다. 시카고에서 수년 동안 일을 하면서, 시카고에 듬뿍 정이 들어서 우리는 이곳에서 뼈를 묻을 때까지 살기로 결심했다. 그래서 시내 중심가에 방이 세 개인 아파트를 매입했다.

아파트의 실제 소유주가 되고 보니 좋은 점이 많았다. 세입자라면 눈치를 봤을 텐데 자유자재로 사람들을 불러 파티를 하거나 함께 즐거운 시간을 보내기에도 좋았고, 매일 마음 편한 일상을 보냈다. 그러나 1년 정도 거주한 후, 사용하지 않는 공간에 대해 진지하게 고민하게 되었다. 방 세 개 중 하나는 부부 침실로 쓰고 나머지 두 개는 아이들이 생기면 쓰려고 했으나 당분간 자녀 계획이 전혀 없었던 탓이다.

게다가 우리 아파트는 복층 구조라(우리가 1층에서 보내는 시간은 거의 없었다) 1층을 임대하면 좋겠다는 결론에 도달했다. 하지만 그렇다고 해도 연중 특별한 때는 둘만의 자유를 느끼고 싶었기에 1층을 장기 임대할 마음은 전혀 없었다. 또한 1층의 장기 임차인과 함께 생활하는 데서 오는 불편함을 상쇄할 만큼 장기 임대 수익이 높지도 않았다.

그러나 단기 임대라면 관리가 훨씬 쉬워 보였다. 게다가 게스트가 낮부터 밤까지 주로 관광을 하기 때문에 잠자는 용도로만 공간을 쓸 확률이 높았다. 이런저런 생각 끝에 에어비앤비 호스팅에 승부수를 던지기로 했다. 공간도 여유롭고, 고가의 홈시어터 장비도 갖추고 있으며, 위치도 완벽하여 인기가 많을 것이라고 생각했는데 실제로 이런 예상은 적중했다.

숙소를 등록하는 순간부터 인기는 매우 높았다. 하지만 그렇다고 높은 이용료를 매기지는 않았고, 시즌에 따라 비용을 유연하게 책정하기로 했다. 1월의 경우 섭씨 마이너스 7도까지 내려가는 추운 날씨 탓에 더운 여름 성수기만큼 예약률이 높지 않다. 이에 겨울 비수기에는 1박에 60달러, 여름 성수기에는 170달러로 책정했다. 임대 수익으로 아파트에 대한 모기지 대출의 원리금을 상환하고 생활비에 보태기도 했다. 에어비앤비 덕에 시카고 시내의 200제곱미터(약 60.5평)에 달하는 럭셔리한 새 아파트에서 '공짜'로 거주하는 셈이다.

에어비앤비를 통해 우리의 생활은 놀라울 정도로 달라졌다. 외식도 자주하고, 호화로운 휴가도 보내며, 쇼핑에 흠뻑 취하기도 한다. 아파트에 관한 각종 비용이 해결됨으로 인해 마음의 평화를 누리고 있고 행복이 깃든 삶을 살고 있다. 현재는 시내의 다른 아파트로도 임대업을 확장할 계획이 있다. 이렇게 멋진 사이트를 알게 되어 기쁘다. 우리 앞에 펼쳐질 멋진 미래를 생각하면 마음이 벅차오른다.

Chapter 6
숙소 홍보하기

호스트로서 게스트의 예약을 유도하려면 자신의 등록물, 즉 숙소를 사이트에서 찾을 수 있도록 해야 한다. 당연한 이야기처럼 들리겠지만, 온라인에서 숙소에 대한 접근성을 높이는 방법은 검색 순위에서 상단을 차지하는 것이다. 에어비앤비 사이트에서는 검색 결과 목록이 유동적이다. 이때 수많은 숙소 중 자신의 숙소가 검색 결과의 어디에 위치하는가는 호스팅의 성공을 좌우한다. 이외에도 장의 후반부에서 숙소를 홍보할 수 있는 방법을 몇 가지 소개하겠다.

CHAPTER 6 숙소 홍보하기

에어비앤비에서의
숙소 검색

여느 검색 엔진과 마찬가지로 에어비앤비에서도 숙소의 순위를 결정하는 데 검색 알고리즘을 사용한다. 에어비앤비에서 호스팅 사업을 할 때 가장 신경 써야 할 부분은 과연 어떻게 해야 해당 지역이나 도시를 이용자가 검색했을 때 자신의 숙소가 가장 첫 페이지에 등장하게 할 수 있는가이다. 검색 결과의 첫 페이지에 숙소가 나타나면 각종 문의와 예약률을 최대화하는 데 큰 도움이 되기 때문이다.

검색 순위의 결정 요소

에어비앤비가 검색 결과의 순위를 어떻게 산정하는지에 대해 정확히 알려진 바는 없다. 그러나 사이트 고객센터에서는 자주하는 질문에서 "검색 결과에 나오는 숙소 순위는 어떻게 결정되나요?"에 대해 몇 가지 고려 요소를 소개한다. 다음은 에어비앤비 사이트에서 발췌한 내용이다.

　　에어비앤비는 종종 호스트로부터 검색 결과가 어떻게 정해지는지 알고 싶다는 문의를 받습니다. 검색 결과 순위 산출은 다양한 요소가 반영되는 복잡한 과정입니다. 에어비앤비는 수많은 요소를 고려하기 때문에, 몇 가지 요소를 기준으로 숙소를 비교해서는 검색 결과 순위를 예측할 수 없습니다. 에어비앤비는 서로 잘 맞는 게스트와 호스트를 연결해주기 위해 끊임없이 검색 기능 개선에 노력하고 있습니다. 따라서 에어비앤비의 고려 요소 및 순위 산정 방법은 계속 변할 수 있습니다.

하지만 검색 결과 순위를 결정하는 기본적인 원칙은 있습니다. 에어비앤비는 게스트에게 최고의 경험을 제공하는 호스트에게 보상을 합니다. 즉 설명하게 될 요소의 상당수는 호스트에 달려 있습니다. 숙소를 등록하고 게스트를 맞이하는 방식이 검색 결과 순위에 영향을 미칩니다. 게스트의 선호 사항도 검색 결과 순위에 중요한 역할을 하기 때문에 게스트에 따라 숙소가 나타날 수도 있고 나타나지 않을 수도 있습니다.

에어비앤비 사이트를 훑어본 후 관련 서적도 읽어보길 권한다. 경험상 다음의 요소가 검색 순위에 영향을 준다고 생각한다. 이를 ❶ 입증된 요소와 ❷ 추론된 요소로 구분해보았다. 입증된 요소는 에어비앤비가 공개적으로 인정한 각종 요소를 포함하는 반면, 추론된 요소는 증명되지 않았지만 검색 순위에 영향을 주는 것으로 간주되는 것을 의미한다.

에어비앤비가 인정한
검색 순위에 영향을 주는 요소

예약상의 호감도

에어비앤비는 실제와 비교했을 때 등록물의 내용이 정확하고, 수준이 높은 숙소를 선호하는 편이다. 따라서 잠재 고객들의 조회율과 예약률이 높은 숙소의 검색 순위는 당연히 올라가게 되어 있다. 최상의 검색 결과를 유도하기 위한 에어비앤비의 권고 사항은 "게스트들의 시선을 끌고 정보를 제공하는 숙소 제목과 설명을 작성하세요"와 "회원님의 숙소가 다른 숙소와 비교하여 색다른 점이 무엇인지 명확하게 설명하세요"이다.

가격

호스트가 거주하는 지역의 비슷한 다른 숙소에 비해 자신의 숙소 이용료가 경쟁력을 지녀야 한다는 점을 기억하라. 가격 경쟁력이 높은 숙소는 숙소 예약률이 높기 때문이다. 예약률이 높아지면 에어비앤비 회사의 차원에서도 더 높은 수익을 거둘 수 있다.

별점의 개수와 후기 내용

숙소에 대한 별점 평가가 좋을수록 검색 결과 순위가 올라간다. 매우 명확하고 간단한 논리이다. 에어비앤비에서는 게스트가 직접 쓴 후기도 정량 평가하는데, 정확한 방법은 모르겠지만 직접 적은 후기에 대한 정량 평가를 할 수 있는 메커니즘을 개발했다고 전해진다. 따라서 호스트로서 별점뿐 아니라 후기에서도 최대한 긍정적인 피드백을 받도록 노력해야 한다.

사진

숙소를 정확하게 보여주는 선명한 고화질 사진을 이용해야 한다. 각 방마다 최소 한 장의 사진을 올리는 것이 좋다. 에어비앤비가 무료로 제공하는 전문 사진 촬영 서비스를 이용하여 검색 결과 순위를 올리는 데 도움을 받을 수 있다.

신뢰도와 인증

에어비앤비는 신뢰도와 인증을 강화하기 위해 ❶몇몇 소셜 미디어 플랫폼과 에어비앤비 계정의 연계, ❷이용자 아이디와 전화번호 인증의 방식을 이용하도록 한다. 제시되는 모든 방법을 다 사용할 것을 권한다.

대응성

대응성은 ❶응답률과 ❷응답 시간에 따라 좌우된다. 두 가지 요소 모두 호스트의 등록물에 '응답률'은 퍼센트로, '응답 시간은' N시간 이내로 명확하게 게재된다.

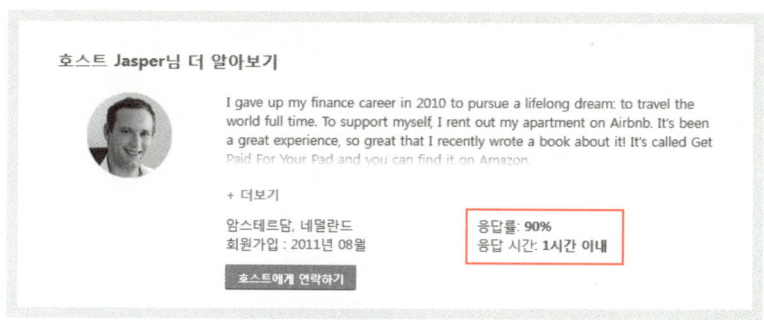

▲ 호스트 프로필에 나와 있는 응답률과 응답 시간

얼마나 빨리 게스트의 문의사항과 예약에 대해 답변하는지는 검색 결과에 영향을 줄 뿐 아니라 기본적인 고객 서비스의 핵심이기도 하다. 등록물의 정보에서 호스트의 대응성이 우수하다는 점이 부각되면 잠재 고객이 문의할 확률이 높아진다.

여행 일자를 정한 후 미리 여행 계획을 세우는 게스트보다는 날짜가 임박한 상황에서 여행 계획을 세우는 잠재 게스트가 많다. 시간적 여유가 없는 이들에게 문의 시점으로부터 며칠이 지나고 응답이 온다면 어떠할까? 아예 문의 사항에 대해서는 답변이 안 올 것이라고 단정 지어버릴 것이다.

달력 업데이트

달력을 최신으로 업데이트하여 예약 가능 일자를 정확하게 반영해야 이용자들도 계획에 지장을 받지 않는다. 따라서 에어비앤비에서는 이 부분을 매우 중시해 호스트의 달력을 매일 업데이트하도록 한다. 호스트가 달력 페이지에 접속하기만 해도 에어비앤비 사이트에서는 '업데이트'되었음을 표시하도록 설정해두었다.

수락률

사전 승인 및 예약 요청 수락으로 검색 결과 순위를 올릴 수 있다. 에어비앤비는 호스트의 예약 수락률도 검색 순위를 결정하는 하나의 요소로 간주한다. 예약 요청을 수락할 수 없을 경우, 공식적으로 '거절'하는 것이 게스트에게 그냥 메시지를 보내거나 아예 답변을 안 하는 것보다 낫다.

취소

에어비앤비는 예약 취소가 무례한 행동이라는 점을 명시하고 있다. 특히 호스트가 먼저 예약을 취소하는 것은 게스트의 입장에서 상당히 불쾌한 경험이다. 호스트가 예약을 취소하는 것은 검색 결과 순위에 부정적인 영향을 미친다.

즉시 예약

'즉시 예약' 기능은 게스트가 즉시 예약을 할 수 있도록 한다. 에어비앤비에서는 "즉시 예약 기능을 켜 놓으면, 게스트가 호스트의 답변을 기다리거나 거절당할까 봐 걱정할 필요가 없기 때문에 검색 결과 순위를 올리는 데 도움이 됩니다"라고 명시한다.

지역

게스트가 특정 지역명을 명시하지 않고 도시로 숙소를 검색할 때, 에어비앤비는 게스트가 선호하는 위치와 가장 연관성이 높고 인기 있는 지역을 검색 결과에 올린다. 에어비앤비 알고리즘에서 인기 있는 지역에 위치한 숙소라면 자동적으로 검색 결과에서 상단에 오르는 보너스를 얻은 셈이다.

소셜 네트워크의 인맥

게스트가 호스트와 공통된 친구가 있는 경우 해당 호스트가 가장 먼저 검색 결과에 나타날 수 있다. 소셜 네트워크의 이점을 활용하려면 에어비앤비 계정을 페이스북 계정과 연동시켜야 한다.

검색 순위에 영향을 준다고 추정되는 요소

최대한 노력을 기울여 검색 순위에서 최대한 상단에 위치하도록 모든 수단과 방법을 동원해야 한다. 결국 에어비앤비 순위야말로 찬란한 성공의 문을 열 수 있는 열쇠이기 때문이다.

예약 건수

별점과 후기가 좋을수록 검색 순위에서 상단에 위치하는 것처럼 전체 예약 건수도 큰 결정 요소가 된다. 좋은 후기가 많아서 예약률이 높아지면 더할 나위 없이 좋겠지만, 그 외에 다른 이유로 예약 건수가 높아진다 해도 여전히 상단에 놓이게 된다.

위시리스트

사용자들은 최상의 숙소를 찾기 위해 장시간 검색을 하는 과정에서 '위시리스트 Wish List'에 관심 있는 숙소를 추가할 수 있다.

CHAPTER 6 숙소 홍보하기

▲ 위시리스트

호스트의 숙소가 이처럼 위시리스트에 추가되었다는 정보는 파란색 예약 버튼 밑에 표시된다. 호스트가 직접적으로 통제할 수 없는 기능이지만, 이전에 다녀간 게스트들에게 자신의 숙소를 그들의 위시리스트에 추가해달라고 요청하는 것도 한 가지 방법이다.

친구 추천

신규 호스트의 경우 아무도 예약을 하지 않았을 때 호스트의 친구들이 에어비앤비 계정을 만들어 호스트와 그의 숙소에 대해 추천의 글을 쓸 수 있다. 이러한 추천을 통해 검색 순위에서 상단에 오르고 잠재 게스트들에게 매력적인 숙소로 비춰질 수 있다.

에어비앤비 사이트 외에서 숙소 홍보하기

신규 호스트라면 에어비앤비 사이트 외에서 다음의 소셜 네트워크 툴을 이용하여 숙소를 홍보할 것을 권한다.

- 페이스북
- 트위터
- 이메일 주소록의 지인들에게 보내는 개인 이메일
- 개인이 운영하는 사이트나 블로그의 사이드바
- 구글 애드워즈

Chapter 7
각종 툴과
애플리케이션

획기적인 플랫폼으로 기하급수적인 성장과 세계적 열풍을 일으키고 있는 에어비앤비. 이와 더불어 눈 깜짝할 사이에 우후죽순처럼 생겨나는 관련 툴과 서비스. 전 세계 혁신적 사업가들은 너나할 것 없이 공유의 경제로 큰 성공을 거둔 거물 사업의 대장정에 뛰어들고자 바삐 움직이고 있다. 이와 더불어 잠재 호스트와 게스트들을 겨냥하여 예약 기능을 지원하고 더 나은 에어비앤비 서비스 환경을 제공하려는 신생 업체들이 에어비앤비와 나란히 서서는 완벽하고 즐거운 경험을 선사하고자 한다. 호스트를 꿈꾸는 이들을 위해.

지난 6개월 동안 이들 업체 대표들을 여럿 만났다. 소비자들에게 광고하는 여러 서비스도 시험 삼아 사용해보면서 각 서비스에 대한 내 경험을 정리한 후, 이 책에서 소개해도 좋을 만한 우수한 업체를 선정하기도 했다. 수개월에 걸친 검색과 조사 끝에 별점 5점 수준의 아홉 가지 제품과 서비스 목록을 다음과 같이 간추려 보았다. 소개되는 툴과 애플리케이션을 통해 보다 간편한 방식으로 에어비앤비를 사용하고 호스트로서 큰 수익을 꾀할 수 있을 것이다.

CHAPTER 7 각종 툴과 애플리케이션

자동 가격 설정 애플리케이션, 에버북트

에버북트Everbooked는 에어비앤비의 등록물에 대해 자동적으로 가격을 설정하는 엔진이다. 빅데이터와 예측 분석 기능을 통해 1일 단위로 등록물의 최적가를 산정해준다. 수년에 걸쳐 여러 호텔이 사용한 이 막강한 기술을 이젠 에어비앤비 호스트도 사용할 수 있게 된 것이다.

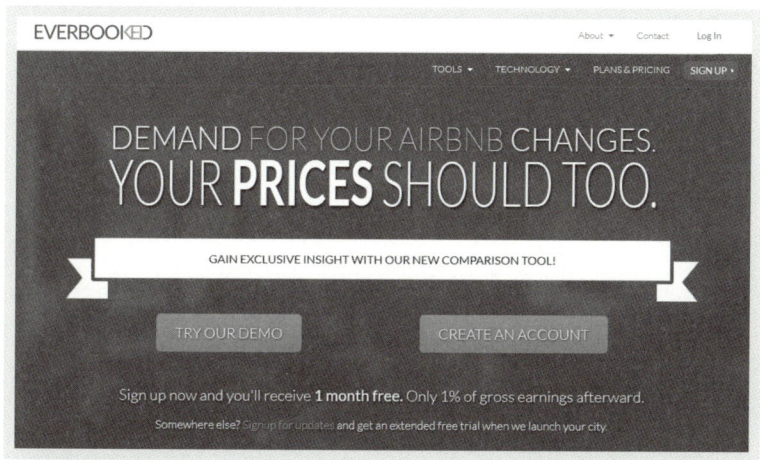

▲ 에버북트 홈페이지

에버북트는 호스트의 에어비앤비 달력과 완벽하게 연동되어 수

요량에 따라 매일 단위로 가격을 업데이트한다. 이 서비스를 통해 호스트는 수익을 개선할 수 있을 뿐 아니라 시간을 절약할 수 있으며 검색 결과에서도 보다 상단에 위치하는 이점을 제공받는다(주기적으로 업데이트하는 달력은 에어비앤비가 등록물 검색 순위를 결정할 때 이용하는 한 가지 기준이다). 한편 에버북트는 자동 시스템이지만 호스트는 항상 가격 설정에 관한 통제권을 지니기 때문에, 지정된 알고리즘에 구애받지 않고 주중 어느 날이건 기본가를 자신의 임의로 설정할 수 있다.

- **비용** 숙소 수익의 1퍼센트
- **판매 지역** 대부분의 미국 도시(빠른 시일 내에 국제적으로도 사용할 수 있다고 한다)
- **특별 혜택** 연장에 대한 의무 사항 없이 무료로 처음 90일 동안 사용할 수 있다.

CHAPTER 7 각종 툴과 애플리케이션

에어비앤비 호스팅을 위한 서비스, 게스티

호스트가 직접 자신의 숙소를 관리할 시간이 없으면 게스티Guesty가 그 역할을 해줄 것이다. 온라인 사이트에서 호스팅하는 숙소에 대해 다음과 같은 컨시어지 서비스를 제공한다. ❶문의 사항 응대, ❷숙소와 프로필 개선, ❸청소 일정 관리, ❹게스트와 호스트 간의 주요 커뮤니케이션 및 거래 조율 등이다. 심지어 숙소 이용료를 최적화하여 임대순익까지 최대화해준다.

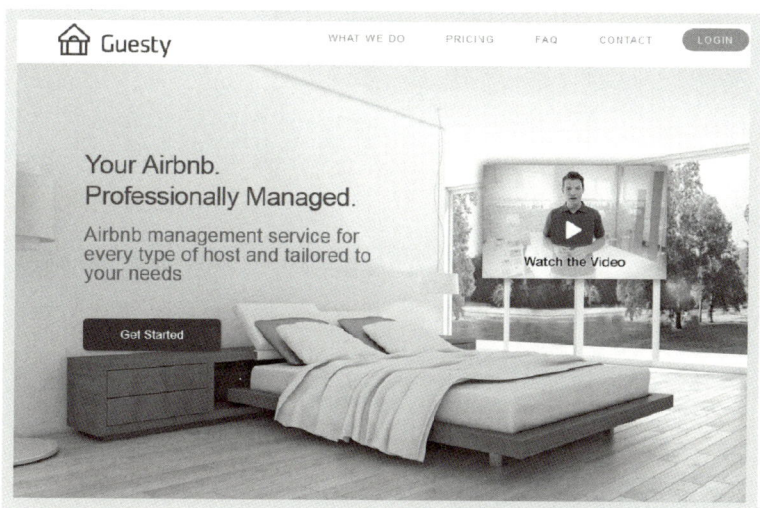

▲ 게스티 홈페이지

한 시간 내에 어떠한 문의 사항에 대해서도 100퍼센트 응답하는 서비스를 제공한다. 따라서 호스트의 응답률과 응답 시간도 완벽하게 관리할 수 있다. 응답 태도가 좋은 호스트를 치하하는 에어비앤비의 규정 때문에 응답률과 응답 시간 관리만 제대로 해도 검색 결과의 상단에 위치하는 효과를 톡톡히 볼 수 있다. 또한 메시지 응답 서비스를 호스트가 맞춤식으로 설정할 수도 있다. 즉 호스트가 한 시간 내에 응답을 하지 않을 때만 게스티가 응대하도록 하는 식이다. 이처럼 게스티는 신뢰할만한 안전장치 역할을 똑똑하게 수행해 내는 도우미인 것이다(특히 호스트가 일을 하거나 여행 중일 때 유용하게 사용할 수 있다).

- **비용** 숙소 수익의 3퍼센트
- **판매 지역** 전 세계
- **특별 혜택** 현재 행사 기간이라 무료로 14일 동안 사용할 수 있으니 혜택을 누리길 바란다(혹은 등록 시 참고 인코드에 'GPFYP'를 입력해도 동일한 혜택을 받을 수 있다).

CHAPTER 7 각종 툴과 애플리케이션

전기세 및 수도세 절약 서비스, 네스트

구글이 인수한 네스트랩스Nest Labs는 '스마트'한 집안 자동화 시스템을 개발하는 신생 업체이다. 네스트 온도조절기Nest Thermostat는 업체의 가장 유명한 발명품으로서 집안의 냉난방 온도를 최적화하여 한 달에 20퍼센트의 전기 및 수도세를 절약할 수 있게 한다.

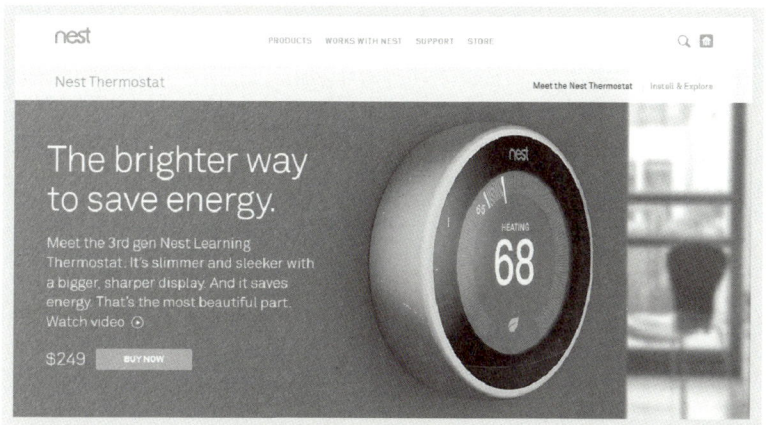

▲ 네스트 홈페이지

해외에 자주 나가 있어 숙소의 온도를 직접 관리하기 어려운 호스트는 네스트랩스를 이용하여 집 안의 냉난방 온도를 조절해서 게스트에게는 쾌적하고 호스트 자신에게는 에너지 효율적인 환경을 제공할 수 있다.

- 비용 249달러
- 판매 지역 전 세계
- 더 알아보기 nest.com

CHAPTER 7 각종 툴과 애플리케이션

열쇠가 필요 없는 도어록, 라키트론

라키트론Lockitron은 모바일 기기로 통제할 수 있는 '스마트'한 도어록이다. 사용자의 휴대폰을 라키트론 메커니즘에 연동하면, 사용자는 문자 메시지 명령문을 보내거나 라키트론 전화 애플리케이션을 활용하여 문을 잠그거나 열 수 있다.

▲ 라키트론 제품

라키트론의 '근접센서Sense Proximity'는 휴대폰의 블루투스 기능을 이용하여 자물쇠에 직접 커뮤니케이션할 수 있게 하는 근거리 감지

시스템으로 열쇠 없이 문을 열 수 있게 한다. 또한 '근접센서열기 Sense Proximity Unlock' 기능을 작동시키면 호스트가 집의 안이나 밖에서 원격으로 문을 자동으로 열어준다.

경비원이 상시근무를 하지 않는 건물에 거주하는 호스트라면 라키트론을 통해 시간에 구애받지 않고 체크인 서비스를 진행할 수 있다. 주의할 점은 라키트론이 작동되지 않는 종류의 현관문도 있다는 것이다.

- 비용 99달러
- 판매 지역 전 세계
- 더 알아보기 lockitron.com

완벽한 가격 설정 솔루션 지원, 비욘드 프라이싱

호스트로서 에어비앤비에서 이윤을 높이고 효율적으로 숙소를 관리하는 데 가장 큰 난제는 가격 설정이다. 다행히 '비욘드 프라이싱Beyond Pricing'이라는 가격 설정을 지원하는 완벽한 솔루션이 등장했다.

이 애플리케이션은 다음의 기준을 통해 호스트의 달력에서 1일 단위로 최적의 가격을 산정한다.

- 그동안 숙소가 보여준 실적
- 근처 숙소들의 실적
- 1일 단위의 수요(호텔가, 항공편 정보, 해당 기간에 열리는 콘퍼런스)

이 애플리케이션은 자동으로 숙소에 완벽하게 연동되어 자동으로 호스트의 달력에 가격을 업데이트해준다.

▲ 비욘드 프라이싱 홈페이지

    비욘드 프라이싱의 개발자들과 심도 있는 대화를 나누면서 가격을 산정하는 알고리즘에 대해 많은 내용을 알게 되었다. 내 숙소에 대해서도 비욘드 프라이싱을 테스트했고, 분명 훌륭한 툴이라고 자신 있게 추천한다.

- 비용 숙소 수익의 1퍼센트
- 판매 지역 대부분의 미국 도시(빠른 시일 내에 국제적으로도 사용할 수 있다고 한다)
- 특별 혜택 지금 가입하면 첫 두 달은 무료로 이용할 수 있으므로 신용카드가 필요 없다

다른 호스트와의 커뮤니케이션 지원, 트래블러스 챗

에어비앤비에서 슈퍼호스트로 상을 수상한 켈리 캄펜은 에어비앤비 호스트들을 위한 '트래블러스 챗TravelersChat'이라는 채팅방 서비스를 시작했다.

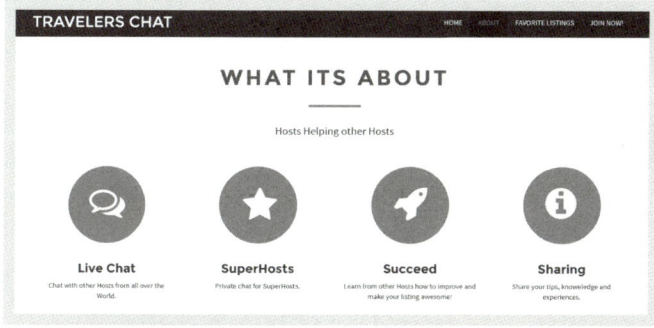

▲ 트래블러스 챗 홈페이지

무료로 가입할 수 있고, 모바일 기기나 컴퓨터로 모두 접속 가능하다.

- 비용 무료
- 판매 지역 전 세계
- 더 알아보기 travelerschat.com

열쇠 주고받기의 간편화, 키카페

키카페Keycafe는 높은 비용을 들이거나 도어록을 설치하는 번거로움 없이 호스트의 숙소에 대한 체크인을 관리하는 쉬운 방법이다. 키카페는 숙소 근처의 카페에 숙소의 열쇠를 믿고 보관할 수 있도록 해준다. 게스트가 집에 도착했을 때 카페가 문을 연 시간이면 아무 때나 가서 열쇠를 받아올 수 있다.

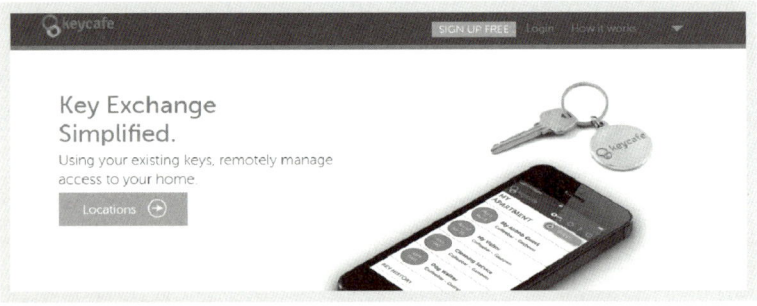

▲ 키카페 홈페이지

키카페는 익명 본인 인증 시스템 방식으로 열쇠를 보관하여 프라이버시를 보호해주는 매우 안전한 서비스이다. 보관하는 열쇠와 집주인의 개인 정보나 주소 정보가 연계되지 않도록 차단하는 방식이다. 따라서 키카페 사용자들은 개인 아이디를 사용하여 열쇠 고리형 결제기기fob에 암호화한 후 사용할 수 있다. RFID(무선인식시스템) 기술을 기반으로 한 방식이다. 오직 키카페만 숙소의 열쇠를 개인 계정에 연계할 수 있다.

- **비용** 한 달 이용료 7.95달러＋열쇠 픽업 시 회당 1.95달러
- **서비스 이용 지역** 뉴욕, 샌프란시스코, 런던, 밴쿠버, 시애틀, 오스틴
- **더 알아보기** www.keycafe.com

전문 청소 서비스, 핸디

핸디Handy는 전문적이고 신뢰할 만한 숙소 청소 서비스 업체이다. 핸디의 전문 청소 인력은 경험이 많고 친절하다. 그리고 신원 조회를 완료했고 이들에 대한 보험 적용이 가능하다.

▲ 핸디 신청 방법

60초 내에 온라인에서 청소를 예약할 수 있고, 다음 날에도 청소 예약이 가능하다. 핸디의 서비스에 만족하지 않는 경우 업체에 이야기하면 환불해준다.

- **비용** 숙소의 크기에 따라 다름
- **판매 지역** 대부분의 미국 도시(빠른 시일 내에 국제적으로도 사용할 수 있다)
- **특별 혜택** 지금 등록하면 첫 두 시간에 대해서 50퍼센트 할인 적용 가능

에어비앤비 숙소 관리 서비스, 이지게스트

이지게스트EasyGuests는 게스트와의 커뮤니케이션에서부터 호스트의 전체 등록물 관리에 이르는 전반적인 숙소 관리 서비스를 제공한다. 심지어 게스트를 위해 공항 셔틀 서비스 등의 추가 서비스도 제공한다.

▲ 이지게스트 홈페이지

또한 출장 여행객들을 위해 에스프레소 머신, 가정용 인터넷 와이파이, 공유기인 넷기어Netgear, 프린터 등의 편의 용품을 제공한다.

- **비용** 서비스 내용에 따라 다름
- **판매 지역** 뉴욕, 파리, 런던, 몬트리올, 마이애미, 뮌헨. 이외에도 많은 도시들이 빠른 시일 내에 추가될 예정
- **특별 혜택** 지금 등록하여 추천인 코드에 GPFYP를 입력하면 청소 및 체크인 서비스 1회분에 해당하는 서비스를 무료로 이용 가능(95달러에 상응하는 금액)

에필로그

이젠 마지막이다. 이 책을 끝까지 읽어준 독자 여러분에게 감사한 마음을 전한다. 재미있게 읽으셨길 바라며 사업의 성공을 기원한다. 괜찮다면 독자 여러분의 고견도 공유해주시면 좋을 듯하다. 이메일 주소는 info@getpaidforyourpad.com이다. 내게 온 모든 이메일을 읽으니 주저 말고 보내주시길 바라며 안부 인사를 묻는 이메일도 대환영이다.

에어비앤비 사이트에서 숙소를 성공적으로 운영하기란 만만치 않다. 답을 찾기 어려운 질문 사항도 항상 생겨난다. 하지만 이 책에 실린 여러 가지 조언을 실천한다면 에어비앤비 호스트의 탄탄대로 여정에서 첫 발을 내디딘 셈이다. 이미 호스트로서 연륜이 많은 독자라도 새로운 정보와 조언을 통해 향후 숙소의 예약 건수와 수익에 도움이 되길 바란다.

에어비앤비 사업을 막 시작하려는 이들을 위한 마지막 조언은

"단 하루도 미루지 말고 바로 시작하라!"는 것이다. 매 순간 시작하지 않고 놓치는 만큼 주머니에서 돈이 빠져 나간다. 어서 등록하여 게스트들을 많이 맞이하길 바란다.

월세보다 쏠쏠한 에어비앤비

초판 1쇄 발행 | 2015년 10월 13일

지 은 이 | 재스퍼 리버스, 후제파 카파디아
옮 긴 이 | 최기원
펴 낸 이 | 이은성
펴 낸 곳 | *e*비즈북스
편　　집 | 김은미
디 자 인 | 백지선

주　　소 | 서울시 동작구 상도동 206 가동 1층
전　　화 | (02) 883-9774
팩　　스 | (02) 883-3496
이 메 일 | ebizbooks@hanmail.net
등록번호 | 제 379-2006-000010호

ISBN 979-11-5783-026-8 03320

*e*비즈북스는 푸른커뮤니케이션의 출판브랜드입니다.

이 도서의 국립중앙도서관 출판시도서목록(CIP)은 서지정보유통지원시스템 홈페이지(seoji.nl.go.kr)와 국가자료공동목록시스템(www.nl.go.kr/kolisnet)에서 이용하실 수 있습니다.(CIP제어번호: CIP2015024920)